Frauen morden anders. Raffinierter, intelligenter und überraschender.

Mit großkalibrigen Waffen und tödlichen Schlägereien haben sie nichts im Sinn. Sie nutzen geschickt die Schwächen ihrer Opfer, vermeiden verräterische Spuren und machen selten Fehler. Männliche Ermittler sind ihnen nicht gewachsen. Und gäbe es den Kommissar Zufall nicht, würde kaum eine von ihnen hinter Gittern landen.

Agatha Christie, Patricia Highsmith, Ruth Rendell, Ingrid Noll, Minette Walters, Doris Gercke, Edgar Wallace, Roald Dahl, Andrea Camilleri und viele andere erzählen die spannendsten Geschichten von mörderischen Frauen.

insel taschenbuch 3308

Frauen morden anders

# FRAUEN MORDEN ANDERS

Die spannendsten Kriminalgeschichten

Ausgewählt
von Carolin Bunk
und Hans Sarkowicz

Insel Verlag

Umschlagabbildung: Getty images/Eric O'Connell

insel taschenbuch 3308
Originalausgabe
Erste Auflage 2007

Quellenverzeichnis am Schluß des Bandes
Vertrieb durch den Suhrkamp Taschenbuch Verlag
Umschlag nach Entwürfen von Willy Fleckhaus
Satz: Memminger MedienCentrum AG
Druck: Druckhaus Nomos, Sinzheim
Printed in Germany
ISBN 978-3-458-35008-8

2 3 4 5 6 – 12 11 10 09 08

# Inhalt

## Andrea Camilleri
## Eine Frau, schön, jung, nackt, fast schon ermordet

Nicht einmal zwei Stunden nach dem Anlegen, als die üblichen Formalitäten erledigt waren, waren alle Passagiere an Land gegangen und auf die kleinen Märkte der arabischen Stadt geschwärmt. Abends würden sie zurück an Bord kommen, mit schmerzenden Füßen, mit dem unvermeidlichen Bauchweh, behängt mit Einkaufstaschen und Tüten, zum Platzen voll mit ebenso bunten wie nutzlosen Mitbringseln.

Cecè Collura war der Überzeugung, daß an Bord auch nicht ein Teilnehmer der Kreuzfahrt zurückgeblieben war, nicht einmal, wenn man ihn mit Gold hätte aufwiegen wollen, auch ein gut Teil der Mannschaft und des Dienstpersonals würde auf Landurlaub sein (hieß das so? Oder hieß es Landgang? Mit seemännischem Vokabular war er nicht sonderlich vertraut, immer noch verwechselte er Backbord und Steuerbord und umgekehrt).

Er hatte zwei Möglichkeiten: entweder sich auf dem Bett ausstrecken und einen fabelhaften Schlaf halten und auch das Mittagessen auslassen, oder sich zurechtmachen und ebenfalls an Land gehen.

Er entschloß sich für den Landgang und fing an, sich in Zivil zu kleiden.

Kaum hatte er die Hosen übergestreift, als es an der Türe klingelte.

Er öffnete.

Vor der Türe standen ein Matrose und eine alte Dame, die am ganzen Leib zitterte und nicht in der Lage war zu sprechen.

»Was ist los?«

»Also, ich weiß nicht, Commissario, ich habe diese Dame hier getroffen, wie sie durch die Flure irrte, sie hat mir gar nichts sagen können, da habe ich gedacht, ich begleite sie hierher zu Ihnen. Ich hatte Glück, daß ich Sie noch an Bord gefunden habe.«

»Du hast Glück, ich dagegen nicht«, dachte Cecè, der an der Vorstellung, die Stadt zu besuchen, inzwischen Gefallen gefunden hatte.

»Du hättest sie ins Büro begleiten können.«

»Habe ich, Commissario, aber da war niemand.«

»Ist die Katze aus dem Haus, tanzen die Mäuse auf dem Dach«, dachte Cecè und ergab sich in das Notwendige: addio, schöner Landgang, addio, ihr kleinen Märkte.

»Treten Sie doch bitte ein, Signora.«

Zu wem redete er denn, zu den Wänden? Die alte Dame war wie gelähmt, ihre Augen waren weit aufgerissen, ihr Atem ging schwer, eine Hand krallte sich am Türrahmen fest, die andere zupfte krampfartig an ihrem Rock herum. Es war nicht zu übersehen, daß sie unter Schock stand.

»Hilf mir, sie hereinzubringen, dann lauf und hol jemanden her, einen Arzt, einen Krankenpfleger.«

Der Matrose hatte Mühe, jeden einzelnen Finger der Hand der alten Dame vom Türrahmen zu lösen, und weil sie sich nicht bewegen konnte, hoben sie sie hoch und brachten sie herein. Sie mußten die Dame zwingen, sich in den Sessel zu setzen.

Der Matrose eilte aus der Kabine, und Cecè blieb mit der Frau allein. Sie war steif und stumm und wirkte wie das Schaufelblatt einer Stechfeige.

»Signora, hören Sie mich?«

Nichts. Nicht einmal ein Wimpernschlag. Was zum Teufel war nur mit ihr passiert, daß sie sich in diesem Zustand befand? Dann kam der Arzt. Ihm genügte ein einziger rascher Blick.

»Sie steht unter Schock. Sie ist nicht in der Lage, sich zu bewegen. Ich lasse jetzt eine Tragbahre kommen, bringe sie auf die Krankenstation, und dann informiere ich Sie.«

Cecè ging ins Büro. Dort fand er jemanden vom Dienstpersonal vor.

»Wo bist du eben gewesen?«

»Ich war hier, Commissario, ich habe mich nicht von hier wegbewegt.«

Cecè zog es vor, keinen Streit anzufangen, und ging darüber hinweg.

»Ist es möglich, im Computer schnell die Personalkarten mit Foto aller Teilnehmer der Kreuzfahrt abzurufen?«

»Aber das sind doch über tausend, Commissario!«

»Dann wappne dich mit viel Geduld, und mach dich an die Arbeit.«

In gewisser Weise hatten sie Glück, denn nach einer Dreiviertelstunde rief Cecè Collura: »Halt!«

Das war sie, daran bestand kein Zweifel. Firmiani, Tosca, aus Florenz, 70 Jahre alt, ledig. Dann folgten die Anschrift und noch weitere Daten. Sie logierte in Kabine 27 auf dem Flur 23b. Cecè eilte zum Flur 23b, der verlassen wie eine Wüste dalag. Die Tür der Kabine 27 war selbstverständlich abgeschlossen. Er fing an zu fluchen, woher sollte er denn jetzt ein Zimmermädchen bekommen? Doch dann erinnerte er sich, daß er sich ein paar Tage zuvor einen Generalschlüssel hatte geben lassen, für alle Fälle.

Er eilte in seine Kabine, fand den Generalschlüssel und stand außer Atem wieder vor der 27. Er öffnete und trat ein. Nichts Ungewöhnliches, alles in Ordnung, das Bett war gemacht. Er schloß wieder ab und ging zurück ins Büro.

»Commissario, der Doktor hat für Sie angerufen.«

Er lief zur Krankenstation, setzte sich auf einen Stuhl neben dem Bett, auf dem Signora Firmiani lag.

»Ich bin der Zahlmeister, können Sie mir sagen ...«

»Ich habe eine ermordete Frau gesehen«, sagte Signora Firmiani mit betonter Deutlichkeit. Und, um das Maß voll zu machen, fügte sie hinzu: »Mit diesen Augen habe ich sie gesehen. Sie war tot. Ein Messerstich ins Herz.«

»Und woher wissen Sie, daß es ein Messerstich ins Herz war?« fragte Cecè und hoffte inständig, daß diese alte Dame völlig von Sinnen wäre. Denn wenn sie wirklich die Wahrheit sagte, hätte die Kreuzfahrt ihr Ende gefunden. Nicht auszudenken. Ein Desaster.

Er hakte nach: »Und wo wollen Sie die Ermordete gesehen haben?«

»Ich *will* sie nicht gesehen haben, ich *habe* sie gesehen. Und Schluß. Gestern abend habe ich zu meinen Tischnachbarn gesagt, daß ich heute nicht mit an Land gehen würde. Heute ist mein Tag der Meditation. Doch heute morgen, als ich aufgewacht bin, hatte ich starke Kopfschmerzen. Ich habe versucht, mich zu sammeln, aber es gelang mir nicht. Da habe ich mich entschlossen, ein paar Schritte an Deck zu machen. Als ich an der Kabine 31 vorbeikam, bemerkte ich, daß die Türe offenstand. Man sah das Bett und darauf eine junge nackte Frau. Ich bin hineingegangen, ich habe das Blut gesehen, das Messer war ins Herz gestoßen. Da habe ich gar nichts mehr verstanden und bin schreiend weggelaufen.«

Commissario Collura ließ sie gar nicht zu Ende reden, er war bereits draußen und lief davon.

Er kam an der Kabine von Signora Firmiani vorbei, der

Nummer 27, an der Ecke, er ging um diese Ecke und blieb vor der Nummer 31 stehen, deren Tür abgeschlossen war. Wie konnte das sein? Signora Firmiani hatte doch gesagt, sie habe sie offen gesehen.

In seiner Tasche hatte er noch den Generalschlüssel, er öffnete und war baff. Die Kabine war vollkommen in Ordnung, von der Leiche der erstochenen Frau auch nicht ein Schatten. Der Gründlichkeit wegen schaute er auch ins Badezimmer. Nichts. Ob sich Signora Firmiani, entsetzt und durcheinander, vielleicht in der Kabinennummer geirrt hatte? Er öffnete, von zunehmender Eile gepackt, die Türen der Kabinen 29 und 33. Ordnung herrschte in Warschau. Er ging zur 31 zurück. Er klingelte, um das für diesen Bereich zuständige Zimmermädchen herbeizurufen, das, elegant gekleidet, auftauchte, nachdem Cecè Collura eine Viertelstunde lang mit immer größer werdendem Zorn nach ihr geklingelt hatte. Sie wirkte leicht verärgert.

»Ich wollte gerade an Land gehen, Signore.«

»Ich bin kein Signore, ich bin der Commissario hier an Bord.«

Das Verhalten des Zimmermädchens änderte sich augenblicklich.

»Entschuldigen Sie, ich wußte nicht ...«

»Haben Sie diese Kabine aufgeräumt?«

»Natürlich. Vor einer halben Stunde.«

Wie sollte er sie jetzt weiterfragen: »Haben Sie zufällig eine ermordete nackte Frau auf dem Bett liegen gesehen?« Er beschränkte sich darauf, sie zu fragen: »Haben Sie nichts Merkwürdiges beobachtet? Was weiß ich, befleckte Bettücher, ein bißchen Blut, Durcheinander ...«

Die Augen des Zimmermädchens wurden immer größer.

»Nichts, überhaupt nichts. Alles war wie an jedem Morgen. Signorina De Angelis ist eine äußerst ordnungsliebende Person. Und freundlich.«

»Wissen Sie, ob sie an Land gegangen ist?«

»Das kann ich nicht sagen, Commissario.«

Collura entließ sie, er war sicher, daß das Zimmermädchen nicht log.

Er mußte eine Weile über alles nachdenken.

Es konnte mit völliger Sicherheit ausgeschlossen werden, daß irgendwer Zeit und Gelegenheit gehabt hatte, die Leiche verschwinden zu lassen. Wohin hätte er sie auch bringen sollen? Etwa ins Meer werfen, am hellichten Tag, bei angelegtem Schiff? Selbst wenn jemand die Kabine schnell oberflächlich gesäubert hätte, wären in jedem Fall überall Blutspuren geblieben, und das Zimmermädchen hätte sie ganz sicher bemerkt; bei einem Messerstich ins Herz wäre das Blut nur so in Strömen gespritzt und hätte die Bettücher durchtränkt... Ach ja, und wo hätten sie die blutbefleckten Bettücher hingetan? Und wo hätten sie sich frisch gewaschene Bettücher wie die, die jetzt auf dem Bett waren, besorgt? Er gebrauchte die Mehrzahl, weil ein Mensch allein nicht in der Lage gewesen wäre, alles zu tun, was es zu tun gab. Zumindest, wenn man nicht annehmen will, daß das Verbrechen von den Zimmermädchen begangen wurde...

Das schloß er entschieden aus, das witterte er, das sagte ihm sein Instinkt als Bulle. Es gab nur zwei Lösungsmöglichkeiten, die beide ein Verbrechen ausschlossen: ein makabrer Streich auf Kosten von Signora Firmiani, oder die Dame war ein bißchen verwirrt und sah Dinge, die es nicht gab. Die zweite Möglichkeit war durchaus plausibel: Teilnehmer einer Kreuzfahrt müssen sich schließlich, bevor sie an Bord gehen, keiner medizinischen oder psychologischen Tauglichkeitsuntersuchung unterziehen.

Er ging zur Krankenstation zurück, und ohne sich vor Signora Firmiani blicken zu lassen, rief er den Arzt zu sich.

»Hören Sie, könnte Signora Firmiani Ihrer Meinung nach an Wahnvorstellungen gelitten haben?«

»In welchem Sinn, verzeihen Sie?«

»In dem Sinn, daß sie geglaubt hat, eine Leiche zu sehen, die es in Wirklichkeit gar nicht gegeben hat.«

»Alles ist möglich, Commissario, aber ich glaube nicht, daß dies bei Signora Firmiani der Fall ist. Sie ist zwar schwer krank, das ja, doch die Behandlungen, denen sie sich unterziehen mußte, die Operationen ...«

»Wovon reden Sie, Dottore?«

»Signora Firmiani ist schwer herzkrank. Ihr sind drei Bypässe gelegt worden. Ich wundere mich, daß sie, bei einer derartigen Aufregung, nicht auf der Strecke geblieben ist.«

Von irgendwoher schrillte penetrant eine Klingel. Der Arzt blickte Commissario Collura fragend an, denn plötzlich hatte er bemerkt, daß dessen Blick und Gedanken andere Wege gingen.

»Was bedeutet dieses Klingeln?« fragte Cecè.

»Was für ein Klingeln?« fragte nun seinerseits der Arzt, der nichts hörte. Dieser Commissario war wirklich ein leicht sonderbarer Typ.

Cecè antwortete nichts, er hatte verstanden, daß die Klingel in seinem Kopf schrillte.

»Ich muß Signora Firmiani ein paar Fragen stellen.«

»In Ordnung, aber ermüden Sie sie nicht.«

»Haben Sie die Leiche gesehen? Wer hat die Frau umgebracht? Haben Sie das schon herausgefunden?«

»Keine Sorge, ich komme der Wahrheit schon auf die Spur«, antwortete Cecè diplomatisch. Und fuhr fort: »Sie kannten Signorina De Angelis?«

»Aber sicher kannte ich sie. Ich habe sie auf der Kreuzfahrt kennengelernt. Das arme Kind! Wir saßen mittags und abends am selben Tisch. Wer hätte gedacht, daß ...«

Sie begann schwer zu atmen, so als würde sie keine Luft bekommen. Cecè bekam es mit der Angst zu tun, aus seinen Augenwinkeln schaute er, ob der Arzt in der Umgebung war. Das war er. Cecè fühlte sich beruhigt. Er stand auf und ging zu ihm.

»Signora Firmiano geht es wirklich schlecht. Könnten Sie sie wohl noch ein bißchen hier auf der Krankenstation behalten?«

»Ein bißchen? Sie sind vielleicht gut. Ich lasse sie hier nicht vor drei bis vier Tagen raus.«

Cecè ging ins Hinterzimmer des Büros, rief einen Freund an, der in der Quästur von Florenz arbeitete.

»Du mußt mir einen Gefallen tun. Ich muß alles über Signora Tosca Firmiani wissen, ich gebe dir drei Stunden Zeit, dann erwarte ich deinen Rückruf.«

Das Bild im Computer zeigte Emanuela De Angelis aus Mailand, fünfundzwanzig Jahre, nicht nur als wunderschöne junge Frau, sondern auch als die Quintessenz der Unschuld.

Nach den drei Stunden wurde er aus Florenz zurückgerufen. Er sprach lange am Telefon, ging zufrieden zum Essen, dann streckte er sich auf dem Bett aus und schlief bis Sonnenuntergang, als ein Angestellter ihn weckte und ihm mitteilte, daß die Passagiere wieder an Bord kämen. Eine der letzten, die heraufstieg, war Signorina De Angelis. Cecè ging lächelnd auf sie zu: »Erlauben Sie mir eine Frage? Seit wann sind Sie die Geliebte von Carlo Firmiani, dem arbeitsscheuen Sohn von Signora Tosca? Da haben Sie beide ja das perfekte Verbrechen ausgeheckt: Heute abend, wenn Signora Tosca Sie lebendig gesehen hätte, hätte sie das mit Sicherheit umgebracht: Und Carlo hätte ein Vermögen geerbt.«

Die junge Frau brach in Tränen aus.

Und der langen Liste von Personen, die nicht das waren, was sie zu sein schienen, fügte Cecè Collura eine falsche Tote hinzu. Aber war diese Kreuzfahrt nun wirklich oder virtuell?

## Kim Småge
## Der Schmetterling

*Nach einer Idee von E. N. Rønning*

Der Sommerabend flirrt vor Hitze. Meine Sohlen kleben am Asphalt, die Hausfassaden sind seltsam verschwommen, schwerer Hitzedunst liegt auf Häusern, Giebeln, Fenstern; Nyhavn riecht. Kopenhagen erlebt eine Hitzewelle. Es riecht nach Schweiß, Parfüm, Brackwasser und Hundepisse. Und aus Bars und Kneipen, Restaurants und Imbißstuben strömen Essensgeruch und Gewürzdüfte. Mir gefällt der Geruch. Solche Viertel haben so zu riechen.

Ich tauche in eine Seitenstraße ein. Karstens Worte hallen noch in meinen Ohren wider: Kauf dir was Schönes, Nina, ein Geschenk von mir, eine Erinnerung an Kopenhagen, an unsere erste gemeinsame Reise, ein Schmuckstück vielleicht? Ich las in seinen Augen, daß hier kein Widerspruch nötig war, nichts von »gekauft und bezahlt« stand darin, sie enthielten nur den Wunsch, mir etwas zur Erinnerung zu geben. Ich sehe mich in der engen Straße um, muß lachen – Karsten kauft wohl nicht oft in solchen Vierteln Schmuck für seine Frauen. Vor einem Kellereingang stehen ein paar Mannsbilder. Einige haben sich den Kopf glattrasiert, andere weisen fantastische Haar- und Bartpracht auf. Gemeinsam sind ihnen allen ihre Tätowierungen, Arme und Oberkörper sind bedeckt von blauen Schlangenlinien. Schlangen schlingen sich um den Bizeps, stramme Ketten umschließen behaarte Unterarme, brüllende Samurais heben auf Brustkästen und Rücken ihre Schwerter. Verängstigte Frauen flehen um Gnade, und Harley Davidsons protzen auf dem verbliebenen Platz. Der Anblick dieser überdekorierten Knaben reizt mich zum Lachen. Arme Würstchen, denke ich, wenn die Heinis da aus ihrer Pubertätsrebellion aufwachen und sich den Protest nicht mehr abwaschen können, was dann?

Ich habe Durst. Weiter hinten in der Gasse sehe ich Stühle und Menschen und Tische und Biergläser. Genau das, was ich jetzt brauche, ein kaltes, beschlagenes Glas Bier. Mit Schaumkrone.

Als ich an ihnen vorbeiwill, weichen die tätowierten Knaben zur Seite, und ich sehe, wofür sie als lebendige Reklame auftreten: Im Keller ist ein Tätowierladen, die Tür steht offen, scharfes Licht strömt heraus. Und ein seltsamer, leicht chemischer Geruch. Dann werden meine Augen von einem Punkt dort unten angezogen. Ich gehe hinunter. Die Tätowierknaben geben den Weg zur offenen Tür frei, lächeln mich an, als ich vorbeigehe. Ich lächle zurück.

Der Mann, der mir gegenübersitzt, hat seinen Schlips gelockert. »Was für eine Hitze«, sagte er, fährt sich mit der Hand durch die Haare und scheint sich verzweifelt nach einer Klimaanlage zu sehnen. »Prost«, antworte ich, »laß dein Bier nicht warm werden, dann löscht das nicht mehr den Durst.«

»Und was für ein Gedränge«, sagt er, als ein fetter Däne sich mit triefenden Biergläsern einen Weg zwischen uns und dem Nachbartisch bahnt. »Die Kopenhagener haben eben auch Durst«, erkläre ich, »und Nyhavn bringt ihnen eine Illusion vom Meer. Meeresbrise, kühlt die Stirn.« – »Der Kanal stinkt«, antwortete er einfach.

Ich lache. »Schlechten Tag gehabt oder was? Irgendein Vertrag, der nicht unterschrieben worden ist?«

Er schüttelt den Kopf. »Hier, Karsten«, sage ich und schiebe ein Glas Dansk Bitter zu ihm hinüber. »Jetzt sind wir in Kopenhagen, und da passen wir uns den Sitten der Eingeborenen an. Tuborg und Dansk Bitter. Du schmeißt dann die nächste Runde.« Er sieht mich an. »Bier reicht mir!« sagte er. »Hast du was gefunden?« fragte er dann. »Etwas, das du gern gekauft hättest?« Er läßt einen schalen Bierrest in seinem Glas rotieren, meins ist schon längst leer. Ich bestelle noch eine Runde. Mit Dansk Bitter. »Das brauchen wir nicht«, sagt er und nickt zu dem Fingerhutglas voll Schnaps hinüber. Ich verschließe meine Ohren und bezahle. Er läßt mich bezahlen.

»Doch«, sage ich. »Hier wird gefeiert. Ich habe nämlich das schönste Schmuckstück gefunden, das ich aus Kopenhagen mit nach Hause nehmen kann – die schönste Erinnerung, die du mir schenken kannst. Und sie wird dich auch nicht ruinieren.«

Er sieht mich an, greift nach meiner Hand. »Geld spielt keine Rolle«, lächelt er. »Wenn es dir nur gefällt.«

»Komm«, sage ich, ziehe ihn vom Stuhl hoch und gehe zurück in die Richtung, aus der ich gekommen bin. Vorbei an Bars und Kneipen, Restaurants und Imbißstuben, wo es nach Essen und Gewürzen riecht, vorbei am Geruch von Schweiß und Parfüm, Brackwasser und Hundepisse, tauche in eine schmale Seitenstraße ein. Er kommt brav mit. Vor dem Tätowierladen steht die lebendige Reklame für das Handwerk, das dort unten ausgeübt wird, sie grüßen mich, lächeln. Ich lächle zurück.

»Was zum Teufel«, sagt er, will mich weiterziehen. Aber die Jungs haben schon den Kellereingang freigegeben. Ich zerre an seinem Arm und sage: »Komm.«

Im Keller ist es kühl. Kühl und sauber. Unglaublich sauber. Zwei Ventilatoren unter der Decke brummen. Hinter Glas und Rahmen hängt die Erlaubnis, dieses Geschäft zu betreiben, zusammen mit der Information der städtischen Gesundheitsbehörde, daß der Ladenbesitzer die Nadeln nur einmal benutzt und alles sterilisiert, was sich nur sterilisieren läßt. Ansonsten sind die Wände dekoriert mit Hunderten, vielleicht sogar Tausenden von unterschiedlichen Motiven. Schreiende Pubertätsrebellion, nackte Damen, Herzen und Kreuze, Ringe und Anker. Stiefmütterchen und Bärenklauranken. Und mitten dazwischen ein Feld voller Blumen und Bienen, Schmetterlingen und kleinen, kleinen Fantasieverzierungen.

»Da!« sage ich, »da, Karsten, da siehst du meinen Schmuck.« Ein zierlicher, graziöser Schmetterling, leicht wie Spinngewebe, dünne blaue Linien, luftig, schön. Ich kann sehen, wie er abhebt, von der Wand herunterfliegt und auf meiner Schulter landet, auf der linken, kann ihn deutlich dort sitzen sehen, wie in ewigem Schweben zum blauen Himmel.

Ich drehe mich zu Karsten um. Er sieht meinen Schmetterling nicht, sein Blick wandert ein wenig unsicher über die Wände, über den Tätowierer, über die anderen Menschen im Laden. Ein seltsam unsicherer Blick. Fast schon suchend. Ich spüre Zärtlichkeit für ihn, für mein Mannsbild, meinen Jungen, der noch nie in einer Seitenstraße gewesen ist, der in sicheren Hotels wohnt und mit dem Taxi hin und her fährt, statt in den verschiedenen Stadtteilen herumzuwandern.

Ich drücke seine Hand.

»Den möchte ich«, sage ich zum Tätowierer.

»Ein schöner Schmuck für eine schöne Frau«, lächelt er zurück. »Ich hab sofort gewußt, daß Sie den nehmen würden.«

Da höre ich hinter mir ein Fauchen. »Zum Teufel, nein!«

wird geflucht. »Du wirst dich verdammt noch mal nicht für ewig und alle Zeit mit etwas so Vulgärem wie einer Tätowierung brandmarken. Das erlaube ich nicht.«

Ich fahre herum. Was sagt die Stimme da? Vulgär? Brandmarken? *Nicht erlauben?* »Karsten«, sage ich. »Was faselst du da? Ich bin nicht der Typ, der sich mit Gold und solchem Kram behängt, meinen Schmuck verlege oder verliere ich regelmäßig. Und dieser Schmuck ist der schönste, den ich je gesehen habe. Ein etwas ungewöhnlicher Schmuck für eine etwas ungewöhnliche Frau, hast du mich nicht so genannt? Eine ungewöhnliche Frau?«

»Das erlaube ich nicht«, faucht er bloß. Mit strammer, weißer Haut um die Nase steht er hier und erzählt mir, daß er das nicht erlaubt.

»Okay«, fauche ich zurück. »Dann bezahl ich eben selber. Ich will diesen Schmetterling.« Ich gehe zum Tätowierstuhl. Aber nun spüre ich eine Hand auf der Schulter, eine Stimme sagt: »Momentchen, kleine Frau, ich hab noch drei Kunden vor Ihnen. Könnten Sie wohl später zurückkommen, sagen wir um …« Er nennt eine Uhrzeit. Die Luft strömt aus mir heraus, ich war so fest entschlossen gewesen, meinen Schmetterling mit mir hinaus in die Nyhavnnacht zu nehmen. Der, der mich sonst mit Herzklopfen und Sehnsucht erfüllt, sieht unglaublich zufrieden aus.

»Hörst du«, sagt er. »Er hat im Moment keine Zeit, dich zu einer gezeichneten Frau zu machen. Also komm.«

Seine Worte, seine Miene machen mich wütend. *Gezeichnete Frau!* Warum redet er solchen Quatsch? Er soll nicht so sein. So, so kleinkariert gutbürgerlich mit festgefahrenen Ansichten darüber, was sich gehört.

Wir haben unseren ersten Streit. In einem Straßencafé in Nyhavn haben wir unseren ersten Streit. Die Hitze steht vor uns wie eine Mauer, die Menschen bilden die Kulissen, Stimmengewirr und Gläserklirren dämpfen die scharfen Kanten unserer Stimmen. Klingen werden gekreuzt. Zwei Welten sind aus dem Gleichgewicht geraten.

Er bringt Bier und Dansk Bier, eine Runde nach der anderen, bezahlt und bestellt neu. Ich kippe alles weg, spüre, daß der Alkohol alles weniger schlimm macht, irgendeinen Schmerz in meinem Brustkasten ertränke ich in Dansk Bitter. Ich höre ihn reden und reden, höre mich selber sagen, daß es um mehr geht als nur um einen Schmetterling und daß ich deshalb diesen Schmetterling haben will. Er lacht, fährt mir durch die Haare und nennt mich ein verwöhntes Gör. Kneift mich in die Wange.

Ich gebe das Zuhören auf, was er sonst noch sagt, wird unwichtig. Total uninteressant. Soll *er* doch mit seinen Vorurteilen nach Hause fahren, *ich* fahre mit einem fliegenden Schmetterling auf meiner Schulter nach Hause. Er bringt neue Flaschen, schenkt ein, prostet mir zu. Sagt: »Trink.« Ich trinke. Irgendwie freut mich der Gedanke, daß der Portier in seinem gediegenen Hotel sehen wird, wie er sich mit einer besoffenen »kleinen Frau« abmüht. Denke, daß ich jetzt kindisch bin. Beschließe, genau so kindisch zu sein, wie ich will. Denn die Enttäuschung ist das schlimmste, die Enttäuschung darüber, daß … nein, scheiß drauf, Frau. Trink.

Die Menschen um mich herum verschwimmen langsam zu einer Masse, einer wogenden, schwitzenden, biertrinkenden Masse. Die Hitze, denke ich, die Hitze und der Dunst. Sie lassen Boote und Brücken, Häuser und Menschen ineinander verschwimmen, sich drehen und winden. Aufwärts, aufwärts. Wir schweigen. Jetzt schweigt er. Gießt mein Glas immer wieder aufs neue voll. Ist ein Mann von

Welt. Ein verschwimmender Mann von Welt auf der anderen Seite des Tisches. Dann sagt er plötzlich: »Okay. Nina, du sollst deinen Schmuck haben.« Schweigen. Lange. Ich versuche, etwas herauszubringen, versuche, das Schweigen zu brechen und »tausend Dank« zu sagen, »jetzt hast du es mir geschenkt, jetzt brauche ich nicht mehr als das, was aus deinem Mund kommt, das ist genug für mich.« Aber das schaffe ich nicht, meine Worte werden nur Geräusche, seltsame Halsgeräusche.

»Du sollst deinen Schmetterling haben«, sagt er.

Schmetterling? Ich blicke mich um, versuche, klar zu sehen, was sagt er da von Schmetterlingen? Hier gibt es doch keine Schmetterlinge! Nur Fliegen. Fliegen, die brummen wie verrückt, die mir den Blick versperren, die über dem Kanalwasser schweben und Explosionen aus kleinen scharfen, stechenden Lichtblitzen verursachen. Das tut den Augen weh, jagt Funkenregen durch den Kopf, ich schlage die Hände vors Gesicht, will das weiße, stechende Licht aussperren.

Es läßt sich nicht aussperren.

»Komm«, sagt er, zieht mich hoch, hält mich mit festem Griff. Er geht, nicht ich. Mein Körper ist einfach nur dabei, auch meine Beine. Hängen da. In seinem festen Griff. Ich sehe nur die Fliegen, die Feuerfliegen, nehme nur den Geruch von Schweiß, Parfüm und Brackwasser auf. Und von Hundepisse. Dann spüre ich einen anderen Geruch. Ein anderes Licht. Er sagt etwas zu mir. Ich nicke, kann aber kein Wort verstehen. Die Wörter kommen von weit, weit her. Auch der chemische Geruch. Irgendwer setzt mich in einen Sessel. Meine Haut spürt eine kühle Flüssigkeit. Und dann verschwinden Licht und Geruch und ich in einem schwarzen Loch …

Ich hatte keine Ahnung, daß ein Erwachen so hämmernd, dröhnend, zähneknirschend entsetzlich sein kann. Alles tut weh. Meine Knochen gehen in Auflösung über, mein Schädel ist geschrumpft, und die Grütze, die sich in ihm befindet, schwappt zähflüssig hin und her. Ich wage nicht, den Kopf zu bewegen, reiße die Augen auf und glotze an die Decke. Die Hotelzimmerdecke, denke ich, das muß die Hotelzimmerdecke sein. Ich muß zwischen Laken und Bettdecke liegen und die Decke von Zimmer 422 im Intercontinental Hotel, Kopenhagen, anstarren. Und neben mir muß Karsten liegen. Ich wage nicht nachzusehen, mein Kopf muß seine Ruhe haben.

Ich stöhne, lasse meine Hände an meinem Körper hinuntergleiten, will die Decke abstreifen, es ist heiß. Meine Finger treffen auf bloße Haut, ich liege auf der Decke. Hinter den florleichten Gardinen surrt eine Fliege – träges, faules Surren. Und plötzlich fällt mir der Schmetterling ein, mein Schmuck, der Streit. Fällt ein, warum ich mich so sternhagelvoll gesoffen habe, wie ich es nie für möglich gehalten hätte. Dansk Bitter und Bier und Wein. Und ein Mann, der dabei geholfen hat, der sich wirklich alle Mühe gegeben hat, mich Tätowierungen und auch alles andere vergessen zu lassen. Mitten in meinem Kater spüre ich, wie ich schon wieder sauer werde. Und dann spüre ich etwas anderes, etwas, das auf meiner Schulter sitzt, auf meiner linken Schulter, etwas ist dort angeklebt, etwas, das nicht da hingehört. Meine Finger tasten, suchen, finden. Es ist ein Pflaster, über einer kleinen Mullbinde. Die schwappende, zähe Grütze in meinem Kopf braucht ungeheuer wenig Zeit, um zu begreifen, was das ist. Hinter dieser Mullbinde wohnt mein Schmetterling, unter diesem Pflaster befindet sich das schönste Geschenk, das Karsten mir überhaupt nur geben kann.

Langsam setze ich mich auf, will seine Haut spüren, streicheln, will versuchen, mit meinem ausgedörrten Hals ein »Danke« zu formulieren. Auf dem Nachttisch steht eine halbleere Flasche Dansk Bitter, mir wird fast schlecht bei dem Anblick. Bei der Bewegung dreht sich alles um mich. Ich klammere mich am Bett an, merke, daß ich auf die Toilette muß. Quäle mich langsam hoch, unglaublich langsam. Starre den Boden an, mache einige wackelnde Schritte vorwärts. Und sehe den Spiegel. Sehe mein Spiegelbild. Sehe das Spiegelbild einer Frau, eines Körpers, eines nackten Körpers. *Meines Körpers.* Eines von einer grotesken Tätowierung bedeckten Körpers, dicke Linien in wahnwitzigem Muster, über Brust, Bauch, Armen. Ich schlage die Hände vors Gesicht, vor die Augen, will diesen grausamen Anblick aussperren. Und sehe einen Schmetterling die Flügel ausbreiten, sehe einen entsetzlichen Schmetterling mit den Flügeln schlagen. Etwas preßt die Luft aus mir heraus, etwas scheint wirklich die Luft aus mir herauszupressen, ich kann nicht atmen, kriege keine Luft. Das Geheul, das im Zwerchfell wächst, kann nicht hinaus, es drückt, drückt, bringt mich zum Platzen, macht mich wahnsinnig. Und wütend. Meine brennende Wut packt eine halbleere Flasche Dansk Bitter, hebt sie hoch und schleudert sie mit aller Kraft auf den Körper, der da auf dem Bett liegt. Etwas löst sich, das Geheul löst sich. »Wie konntest du!«, heule ich. »Wie zum Teufel konntest du!«

Er antwortet nicht. Ich schüttele und schlage ihn, hämmere mit den Fäusten los. Er antwortet noch immer nicht. Ist stumm. Still. Nur ein Blutfaden sickert über seine Schläfe, schneller und schneller.

Blut fließt über meine Hände, über meine Arme, fließt über Brust und Bauch. Ich richte mich schwankend auf, will dieses klebrige, warme Blut nicht an mir haben, es muß weg. Weg! Auf Knien rutsche ich zur Dusche. Mein Körper ist außer Kontrolle geraten. Er bebt. Zittert. Ich zittere und zittere und spüre, wie das Wasser mich überspült, es ist kalt, meine Zähne klappern. Ich will die Augen erst öffnen, wenn alles Blut weg ist, weggespült und im Ablauf verschwunden. Alles Blut ist verschwunden. Aber das Wasser, das gurgelnd im Abfluß verschwindet, ist blau. Tintenblau. Und nie habe ich meinen Körper weißer gesehen.

## Susan Dunlap
## Doppelte Gefahr

»Kommen Sie mir nicht mit Ausflüchten! Sehen Sie zu, daß es klappt, verdammt noch mal! Was glauben Sie wohl, wofür ich Sie bezahle?« Wynne knallte den Hörer auf die Gabel.

Ich stand in der Tür, noch immer verblüfft über das autoritäre Auftreten meiner Schwester, obwohl sie nun schon seit fast vierzig Jahren stets Herr der Lage war.

Selbst jetzt, wo sie im Krankenhaus lag, fuhr sie fort, die leitende Angestellte zu spielen. Aber schließlich war sie auch die erste Frau im Land, die Senior-Vizepräsidentin eines größeren Konzerns geworden war. Ich überlegte, ob es wohl Warren oder irgendein anderer zermürbter Mitarbeiter gewesen war, der diesmal ihre spitzen Pfeile zu spüren bekommen hatte.

Während sie mich anschaute, wechselte ihr Ausdruck, und statt Verärgerung spiegelte sich Besorgnis. darin. »Lynne, warum stehst du in der Tür herum? Du zitterst ja. Komm rein und erzähl mir, was los ist!«

Ich trat ins Zimmer, noch ein bißchen wackelig auf den Beinen, und setzte mich auf den Plastikstuhl neben dem Bett. »Es ist schon wieder passiert.«

»Wie diesmal?«

Ich holte tief Luft. Die Hände im Schoß übereinandergelegt, versuchte ich mich so weit zu beruhigen, daß ich zusammenhängend sprechen konnte.

Das Zimmer war kahl. Krankenhausgrüne Vorhänge waren zu den krankenhausgrünen Wänden zurückgezogen. Die Blumen- und Pflanzenarrangements waren vor Monaten, als Wynne ihren ersten Krankenurlaub angetreten hatte, in ihre Wohnung geschickt worden, doch zu dem Zeitpunkt, da ich in die Stadt kam, waren sie schon lange verwelkt gewesen. Komisch, daß ich so zögerte, in ihrer Wohnung, in der ich, für wie lange auch immer, nur ein Gast war, irgendwas zu verändern.

Wynne saß aufrecht, von Kissen gestützt, auf ihrem Krankenhausbett. Ihr Haar war schwarz und glänzend, ohne den geringsten Schimmer von Grau.

Ich schaute in ihr Gesicht, bemerkte ihr trügerisch zartes Lächeln, das immer zwingend gewesen war. Wir sahen uns so ähnlich, sahen fast gleich aus, doch niemand hätte uns je miteinander verwechselt. Wynnes kompakte Figur machte einen sehr kräftigen Eindruck, während ich dagegen eher schmächtig erschien.

Als sie krank geworden war, hatte sie sich plötzlich verändert. Sie war hager geworden und begann zu altern.

»Lynne, ich mache mir wirklich Sorgen um dich«, sagte sie mit einer Angst in der Stimme, die ich seit Jahren nicht mehr gehört hatte. »Was ist passiert?«

»Wieder ein Schuß. Er hat meinen Kopf nur knapp verfehlt. Wenn ich nicht gestolpert wäre ...« Meine Hände zitterten.

Wynne beugte sich vor, griff mit ihren Händen nach meinen und versuchte ihre Ruhe auf mich zu übertragen. »Hast du die Polizei benachrichtigt?«

»Sie können nicht helfen. Sie nehmen ein Protokoll auf und dann – erfolgt nichts mehr. Vermutlich glauben sie mir nicht einmal. Noch so eine hysterische Frau in mittleren Jahren.«

Wynne nickte. »Laß uns alles noch mal durchgehen. Ich bin es gewohnt, mit Problemen umzugehen. So hab' ich wenigstens etwas, worüber ich nachdenken kann, wenn ich an dem Dialyse-Apparat hänge!«

Es klang kalt, aber so war sie jetzt. Wir waren seit dem College getrennt gewesen und hatten uns emotional schon viel länger voneinander entfernt. Tatsächlich konnte ich kaum behaupten, sie überhaupt noch irgendwie zu kennen. Auch wenn wir Zwillinge waren, hatte nie eine besondere Wesensverwandtschaft zwischen uns bestanden – wir hatten keine geheime Kindersprache gehabt oder Freuden oder Vorahnungen intuitiv miteinander geteilt. Unsere Ähnlichkeit hatte in unserem Fall nur dazu gedient, unsere sehr unterschiedlichen Charakterzüge aufzuzeigen. Ich war schließlich Lehrerin an der Grammar School in unserer Heimatstadt geworden, während sie, ehrgeiziger und energischer, in der Geschäftswelt Karriere gemacht hatte.

»Nun?« sagte sie ungeduldig.

»Jemand hat dreimal auf mich geschossen. Wenn ich nicht jedesmal gerade gestolpert wäre und mir den Knöchel verknackst hätte ...«

»Und du hast keine Ahnung, wer es vielleicht sein könnte?«

»Keine. Wer hätte Interesse daran, mich umzubringen? Warum? Wirklich – was würde sich schon ändern, wenn ich sterbe? Wen würde es schon kümmern?«

»Mir würde es etwas ausmachen.« Sie drückte meine Hände kurz und entzog mir ihre dann. »Du bist alles, was ich habe. Ich hätte dich nicht gebeten zu kommen, wenn du nicht sehr lebenswichtig für mich wärest.«

Ich biß mir auf die Unterlippe. »Es gibt da Dinge ... Ich wollte dir schon lange sagen ...« Aber ich konnte ihr nicht sagen, du stirbst, und Wynne schien trotz ihrer mangelnden Sentimentalität nicht willens zu sein, mir zu helfen.

So sagte ich statt dessen »Wynne, du solltest dich nicht so abkapseln.«

»Ich habe dich. Ich brauche jemanden, der nichts mit der Firma zu tun hat.«

»Aber warum? Warum läßt du Warren nicht zu dir kommen?«

»Nein!« Sie stieß die Worte heftig hervor. »Ich will nicht, daß er mich so sieht.«

Für mich sah sie ganz normal aus. Besser wahrscheinlich, als ich aussehen würde, wenn ich nicht herausfand, wer auf mich schoß.

Wynne mußte meine Gedanken erraten haben, denn sie sagte gereizt: »Man führt jemandem, der es auf deinen Job abgesehen hat, nicht vor, wie krank man ist. Ich habe nie irgendeinem von ihnen erzählt, daß ich an dem Dialyse-Apparat hänge.« Sie schüttelte den Kopf, als wollte sie den untragbaren Gedanken verbannen. »Ich habe ihnen nur gesagt, daß eine Niere versagte, und ich sie hätte herausnehmen lassen.« Sie lächelte spärlich. »Ich kenne die Details deiner Operation. Also behaupte nicht, daß du nie etwas für mich getan hättest.«

Ich wußte nicht, was ich darauf antworten sollte. Konnte sie tatsächlich verheimlichen, daß sie im Sterben lag? Warren war zehn Jahre lang ihr Mitarbeiter gewesen. Er hatte als amtierender Senior-Vizepräsident ihren Posten übernommen. Ich nahm an, daß sie Freunde waren, aber vermutlich wußte ich nichts von Freundschaften innerhalb der Geschäftswelt.

Wynne gab mir brüsk zu verstehen, ich möge fortfahren.

Ich schluckte meinen Ärger hinunter und rief mir ins Gedächtnis, daß sie gewohnt war, Befehle zu erteilen, und jetzt hatte sie nur noch mich zum Herumkommandieren.

Doch noch bevor ich etwas sagen konnte, kam eine Schwester herein, mit einer autoritativen Miene, die selbst Wynnes in den Schatten stellte. Sie forderte mich durch einen Wink auf, beiseite zu gehen, während sie den grünen Vorhang in einem halbkreisförmigen Oval um das Bett herumzog.

Ich trat ans Fenster und blickte hinaus. Doch ich wollte im Grunde nicht wieder den Parkplatz sehen, ich wollte nicht jeden Busch absuchen, hinter jeden Wagen blicken und nach dem Heckenschützen Ausschau halten. So wandte ich mich wieder um, blickte in dieses kleine Privatzimmer, das so unpersönlich wirkte. Selbst Wynne hatte mit all ihrer Autorität dem Zimmer nicht irgendeinen eigenen Stempel aufprägen können. Der Raum war nichts weiter als eine Haftzelle für Sterbende.

»Nur noch einen Moment!« rief die Schwester mir zu.

Ich nickte und machte mir gleich darauf klar, daß sie mich hinter dem Vorhang ja nicht sehen konnte.

Ob dieses Zimmer für Wynne genauso schrecklich war wie für mich? überlegte ich. Oder noch schrecklicher? Oder war es anders für sie? Würde ich jemals dieses sinnenbetäubende Grün anschauen können, ohne an den Tag meiner Ankunft in dieser Stadt zu denken? Wynnes plötzliches beharrliches Drängen, doch zu kommen, nach Jahren immer flüchtigerer Briefe, hatte mich entnervt. Dieser erste Tag! Ich hatte mich hingesetzt, und sie hatte erklärt, daß sie sterben würde. Nein, Moment, dieses Wort hatte sie niemals benutzt. Es war ihr Arzt gewesen, der vom ›Sterben‹ gesprochen hatte.

Übrigens war es auch ein strahlender, klarer Tag gewesen. Das Sonnenlicht war von den Stabjalousien zerschnitten worden, so daß die grüne Wand in blasse Streifen aufgeteilt war. Und als er es mir erzählte, verschmolz das Sonnenlicht mit dem Grün, und das betäubende Grün leuchtete, und die Wand schien mich anzuspringen, und ich konnte meinen Blick nicht auf einen Punkt konzentrieren, konnte an nichts anderes denken als an die Wand.

Die Zeit hatte den Schock gemildert, doch jener Augenblick blieb unsentimental, hart, klar und kalt.

»Lynne, du starrst dauernd auf einen fernen Punkt. Geht es dir auch wirklich gut?« Die Schwester war gegangen. Wynne musterte mich, den Mund zu der Andeutung eines Lächelns verzogen, aber ihr Blick war ernst. »Gehst du immer noch zu dem Arzt?«

»Arzt? Du meinst den Psychiater zu Hause?«

»Ja.«

»Wynne, ich habe ihn nicht aufgesucht, weil ich krank war. Es war eine Therapie. Ich suchte eine Perspektive.«

»Zu was?«

»Uns betreffend«, antwortete ich.

Sie sah wahrhaft überrascht aus, und es versetzte mir automatisch wieder einen Stich, festzustellen, daß sie, die jeden Teil meines Lebens beeinflußt hatte, von mir so unberührt geblieben war.

»Ehe die Schwester zu mir kam, hast du gefragt, wer Interesse haben könnte, dich umzubringen. Es ist wirklich kaum zu glauben.«

Ich schaltete dankbar um. Doch wo sollte ich beginnen? Ich war zu alltäglich – eine Lehrerin der untersten Volksschulklassen –, um mir Feinde schaffen zu können. Wenn es Wynne gewesen wäre …

»Nun«, sagte sie mit verkniffenen Lippen, »wir müssen die Möglichkeiten durchgehen.«

Ich schüttelte den Kopf. »Ich besitze kein Geld, habe

auch keine Versicherung außer der ›Association Policy‹ für Lehrer.«

»Und die geht an Michael?«

»Ja. Doch Michael kommt kaum den ganzen Weg von Los Angeles herüber, um seine Mutter zu erschießen, damit er zweitausend Dollar und ein Schindeldach-Haus erben kann.«

»Das habe ich nicht gemeint.« Einen Moment lang sah sie verwirrt und verletzt aus. »Ich habe nur versucht, die Möglichkeiten aufzulisten. Das muß man machen. Die Sentimentalität darf nicht dem Ziel im Wege stehen. Ich habe das schon vor langer Zeit lernen müssen. Es gibt viele Menschen, die mich gern aus dem Weg gehabt hätten.«

»Aber sie haben nicht versucht, dich zu *ermorden*!«

Sie hob die Schultern. Und sie beobachtete mich.

»Wynne, ich bin diejenige, die man umzubringen versucht. Niemand würde dich jetzt töten. Was für einen Zweck hätte das? Ich meine ...«

Ihr Gesicht wurde aschfahl.

»Wynne, wir haben nicht viel Zeit. Keiner von uns beiden. Vielleicht können wir nicht herausfinden, wer auf mich schießt, aber zumindest können wir wie Geschwister empfinden.« Ich hielt kurz inne. »Als du mich nach all diesen Jahren gebeten hast herzukommen, da dachte ich, du wolltest die Kluft zwischen uns überbrücken.« Ich lächelte und hörte, wie meine Stimme brach. »Offen gestanden, ich war überrascht, daß es für dich von Bedeutung war. Und erschrocken stellte ich fest, wieviel es mir bedeutete. Ich ...«

Ihre Augen wurden feucht. Sie blickte weg. Doch als sie wieder zu mir hersah, war nichts mehr von der flüchtigen Gefühlsaufwallung zu bemerken.

Verlegen begann ich über mein Haar zu streichen, statt

die Hand meiner Schwester entgegenzustrecken, was ich instinktiv gewollt hätte. Mühsam versuchte ich, wieder auf unsere Überlegungen zurückzukommen. Angenommen, niemand wußte, daß Wynne im Sterben lag. Warren gegenüber hatte Sie es zumindest geheimgehalten, wenigstens glaubte das Wynne. Mir kam der Gedanke, ob sie es selbst akzeptiert hatte.

»Du arbeitest nicht mehr«, sagte ich. »Du hast keinerlei Verbindung zur Firma. Wie könntest du da für jemanden eine Bedrohung darstellen?«

Die Linien in ihrem Gesicht wurden schärfer. »Ich weiß bestimmte Dinge. Wenn ich hier herauskomme, kehre ich zurück. Ich werde herausfinden, wer es auf mich abgesehen hat. Ich werde mich vor ihnen in acht nehmen! Ich bin zu wertvoll für die Firma, um einfach vergessen zu werden.«

»Du bist was?« Ich starrte die grüne Wand an. Wynne hatte die gegen mich gerichtete Morddrohung einfach beiseite geschoben; sie fand sie weniger wichtig als irgendwelche internen Mißgünsteleien in der Firma. Ich sah sie an und überlegte, was wir wirklich einander bedeuteten. In vielerlei Hinsicht glichen wir uns sehr, doch ich fühlte mich so hilflos angesichts ihrer Bitterkeit.

»Wer hätte besonderes Interesse daran, *dich* zu töten?« fragte ich sie.

»Ich meine, wer könnte mich für dich halten? Ein alter Liebhaber?«

Sie lächelte andeutungsweise, schien überrascht. »Was weißt du von mir?«

»Nur das, was du mich hast wissen lassen – wie stets. Der Liebhaber war eine Vermutung. Schließlich bist du vierzig Jahre alt und alleinstehend. Es muß doch Männer gegeben haben, vielleicht verheiratete …«

»Du bist ziemlich melodramatisch«, meinte sie und betrachtete mich weiterhin amüsiert.

»Schießen ist melodramatisch!«

Sie sagte nichts darauf.

»Was ist mit Warren?« fuhr ich hartnäckig fort. »Würde er töten, um deinen Posten behalten zu können? Würde er mich mit dir verwechseln?«

Sie starrte mich erstaunt an, als wäre diese Möglichkeit einfach zu fantastisch, um in Betracht gezogen zu werden. »Lynne, jeder – und Warren ganz besonders –, der die Unannehmlichkeiten und das mit einem Mord verbundene Risiko auf sich nehmen würde, würde doch bestimmt ein bißchen vorsichtiger vorgehen.«

»Vielleicht wissen sie nicht, daß du eine eineiige Zwillingsschwester hast?«

Sie seufzte. Ihre Kinnpartie entspannte sich, und sie runzelte müde die Stirn. »Sie wissen. Wenn du einen so wichtigen Posten bekleidet hast wie ich … Glaube mir, sie wissen es.« Sie hielt inne und setzte dann hinzu: »Doch wenn du wirklich denkst, daß jemand dich mit mir verwechselt, dann solltest du vielleicht aus meiner Wohnung ausziehen. Nimm dir ein Hotelzimmer! Natürlich zahle ich dafür.«

Ich schüttelte den Kopf.

Sie fummelte am Telefon herum und sagte: »Lynne, du hast nicht viel Trara um diese Morddrohungen gemacht. Ich möchte nicht teilnahmslos klingen, aber die Wahrheit ist, daß du dich immer an mich gelehnt, auf mich verlassen hast. Bist du sicher, daß diese ganze Geschichte nicht nur eine Reaktion auf meinen Zustand ist? So etwas kommt bei Zwillingen vor.«

»Das glaube ich nicht«, fauchte ich, zu guter Letzt nun doch erbost. »Ich habe eine jahrelange Therapie hinter mir.

Unsere Körper mögen identisch sein, aber mein Geist gehört ganz allein mir.«

Sie saß schweigend da.

Die Verlegenheit wuchs.

»Hör zu, Wynne, ich weiß, daß du zu tun hast. Als ich hereinkam, habe ich dein Telefongespräch unterbrochen. Ich komme morgen wieder.«

Sie nickte. In ihren Augen spiegelte sich Erschöpfung. Doch ich war noch nicht ganz aus dem Zimmer, da hatte sie schon den Telefonhörer aufgenommen.

Während ich den Korridor hinunterging, dachte ich, was für eine erstaunliche Person sie doch war. Sie lag im Sterben, weil ihre Nieren versagten, und keifte immer noch Untergebene an. Ob Warren ihr wohl erlaubte, daß sie vom Krankenhauszimmer aus die Geschäfte weiterführte? Glaubte er Wynnes Geschichte über ihre körperliche Verfassung? Konnte er mich mit ihr verwechseln? Glaubte er, sie käme zur Behandlung her? Nicht wahrscheinlich. Wenn Warren Wynne auch nur im geringsten ähnelte, dann hätte er die Vize-Präsidentschaft inzwischen fest in Händen. Er würde jede Spur von Wynne entfernt haben, und sie würde mit ihm um den Posten kämpfen müssen.

Ich blieb an der Tür stehen, hatte Angst hinauszugehen.

Doch wenn Wynne nicht Warren oder irgendeinem anderen Untergebenen Befehle erteilt hatte, wen hatte sie dann angebrüllt? »Was glauben Sie wohl, wofür ich Sie bezahle?« hatte sie gefragt.

Sie bezahlte niemanden in der Firma. Sie bezahlte auch keinerlei Unkosten – das erledigte ich. Und es gab nichts, was sie brauchte.

Oder doch?

Meine Hand wanderte zu meiner verbliebenen Niere hin.

## Ruth Rendell
## May und June

Ihre Eltern nannten sie so, weil ihre Geburtstage im Mai und im Juni lagen. Eine dritte Schwester, ein Aprilkind, war Avril getauft worden, aber sie war gestorben. May war wie die Jahreszeit, in der sie geboren war – veränderlich, abwechselnd kühl und warm, trübe, verhangen, und gelegentlich von einem Liebreiz, der nicht von Dauer sein konnte.

In den Dreißigerjahren, als May in den Zwanzigern war, galt es immer noch als sehr wichtig, seine Töchter gut zu verheiraten, und so wenig Besorgnisse Mrs Thrace in dieser Hinsicht für die sonnige June hegte, desto weniger zuversichtlich war sie, was May betraf. Ihre ältere Tochter war weder hübsch noch anmutig, noch klug, und kein Mann hatte sie je zweimal angeschaut. June dagegen hatte eine Kette von Verehrern.

Und dann lernte May bei einem Tanztee einen jungen Anwalt kennen. Sein Name war Walter Symonds, er sah ungewöhnlich gut aus, sein Vater war wohlhabend und zahlte ihm ein großzügiges Gehalt, und es bestand gar kein Zweifel, daß er einer höheren sozialen Schicht angehörte als die Thraces. May verliebte sich leidenschaftlich in ihn, aber niemand war überraschter als sie selbst, als er sie bat, ihn zu heiraten.

Die Intensität ihrer Leidenschaft befremdete Mrs Thrace. Das war nicht ganz anständig. Dieser Ausdruck auf ihrem Gesicht, wenn sie auf das Erscheinen ihres Verlobten wartete, ihre Heftigkeit, wenn sie ihn begrüßte, der Hunger in ihren Augen ... all das war gut und schön im Kino, aber unschicklich für die Tochter eines Verwaltungsbeamten in einem gediegenen Vorort.

Kurz gesagt, sie war nahezu schön geworden. »Ich werde ihn doch heiraten«, sagte sie, wenn man ihr Vorhaltungen machte. »Er will doch, daß ich ihn liebe, oder? Er liebt mich doch auch. Warum soll ich meine Liebe nicht zeigen?«

June, die sowohl klug als auch hübsch war, befand sich in einem College und machte eine Ausbildung als Lehrerin. Bei May hatte man es, lange bevor Walter Symonds in Erscheinung trat, als vernünftiger erachtet, sie zu Hause zu behalten. Sie hatte für nichts eine spezielle Begabung, und zu Hause konnte sie ihrer Mutter zur Hand gehen. Jetzt allerdings zeigte sich, daß sie die Begabung hatte, sich einen reichen, gutaussehenden und erfolgreichen Ehemann zu angeln. Und dann, einen Monat vor der Hochzeit, kam June für die Sommerferien nach Hause.

Es war alles sehr unglücklich, sagte Mrs Thrace ein über das andere Mal. Wenn Walter Symonds May wegen eines unbekannten Mädchens sitzengelassen hätte, sie wären zutiefst gekränkt oder sogar wütend gewesen, und Mr Thrace hätte wohl das altmodische Verlangen verspürt, zur Pferdepeitsche zu greifen. Aber was sollte man sagen und tun, wenn einer seine Neigungen von der älteren Tochter auf die jüngere übertrug?

May weinte laut und schluchzte und versuchte, mit dem Messer auf June loszugehen. »Du tust uns allen entsetzlich leid, mein Liebling«, sagte Mrs Thrace, »aber was kann man da machen. Und du würdest doch nicht einen Mann heiraten wollen, der dich nicht liebt, nicht wahr?«

»Er liebt mich ja, er liebt mich wirklich. Es ist bloß, weil sie hübsch ist. Sie hat ihn behext. Oh, ich wollte, sie wäre tot. Dann würde er mich wieder lieben!«

»Das darfst du nicht sagen, May! Es ist alles sehr grausam, aber du mußt dich mit der Tatsache abfinden, daß er seine Meinung geändert hat. Ist es nicht besser, du merkst es jetzt – als später?«

»Ich *hätte* ihn haben können ...«, sagte May.

Mrs Thrace errötete. Sie war aufs äußerste schockiert.

»Jetzt werde ich nie heiraten«, sagte May. »Sie hat mein Leben ruiniert, und ich werde nie wieder irgendwas haben.«

Walter und June heirateten, und Walters Vater kaufte ihnen ein großes Haus in Surrey. May blieb zu Hause und ging ihrer Mutter zur Hand. Der Krieg kam. Walter ging sofort in die Armee, wurde Hauptmann, Major und schließlich Oberst. May ging ebenfalls zur Armee, wo sie fünf Jahre lang im Range eines gemeinen Soldaten irgendwo im Verpflegungswesen arbeitete. Danach blieb ihr nichts anderes übrig, als wiederum zu ihren Eltern zurückzukehren.

Sie verzieh ihrer Schwester nie.

»Sie hat mir meinen Mann gestohlen«, sagte sie zu ihrer Mutter.

»Er war nicht dein Mann, May.«

»Aber so gut wie. Du würdest auch einem Dieb nicht verzeihen, der in dein Haus einbricht und dir das Wertvollste stiehlt, was du besitzt oder fast besessen hättest.«

»Wir sollen denen vergeben, die Böses getan, auf daß auch uns vergeben werde.«

»Ich bin nicht religiös«, versetzte May.

Jedesmal, wenn die Symonds im Hause der Thraces zu Besuch waren, richtete sie es so ein, daß sie nicht da war. Trotzdem wußte sie alles über die beiden – alles, bis auf eins.

Mr und Mrs Thrace hüteten sich sorgsam, in ihrer Gegenwart von June zu reden, also horchte May an der Tür, und heimlich las sie alle Briefe, die June an ihre Mutter schrieb. Und jedesmal, wenn Walters Name genannt oder in einem Brief erwähnt wurde, wand sie sich innerlich und zitterte vor Schmerz. Sie wußte, daß die beiden in ein viel größeres Haus umgezogen waren und daß sie sich eine Sammlung von Bildern und Möbeln zulegten; sie wußte, wohin sie in die Ferien fuhren und welche Freunde sie einluden. Aber nie gelang es ihr herauszufinden, was Walter für June empfand. Hatte er sie jemals wirklich geliebt? Oder hatte er seine Wahl längst bereut? May glaubte, daß er sich, nachdem der erste Rausch der Verblendung vorüber war, vielleicht nach seiner früheren Liebe zurücksehnte, genauso, wie sie sich nach ihm sehnte. Da sie die beiden nie sah, konnte sie das nicht wissen, und was immer er auch empfand, Walter konnte June ja nicht verlassen. Wenn man getan hatte, was er getan hatte, dann konnte man nicht nochmals wechseln, dann mußte man durchhalten bis zum Tod.

Es tröstete sie, sich in die Überzeugung hineinzusteigern, daß Walter seine Handlung längst bereute, und vielleicht war das das einzige, was sie aufrecht hielt. Wenn da Kinder gewesen wären, Unterpfänder der Liebe, wie es so schön hieß ...

Manchmal bemerkte May, daß ihre Mutter besonders froh und zufrieden dreinblickte, nachdem ein Brief von June gekommen war. Dann las sie jedesmal zitternd vor Angst den Brief, denn sie fürchtete, darin zu erfahren, daß June schwanger sei. Aber Mrs Thraces Glück und Zufriedenheit mußte andere Ursachen gehabt haben, etwa der Bericht über Walters letzten Erfolg vor Gericht oder über Junes letzte Party, denn Kinder kamen nicht, und June war jetzt über vierzig.

Da sie keine spezielle Ausbildung hatte, arbeitete May

als Kantinenaufseherin in einem Frauenwohnheim. Sie wohnte weiterhin zu Hause, bis ihre Eltern starben. Sie starben im Abstand von nur sechs Monaten, Mrs Thrace im März und ihr Witwer im August. Und so geschah es denn, daß May Walter wiedersah.

Zu der Zeit, als die Einäscherung ihrer Mutter stattfand, war May an einer Virusgrippe erkrankt und konnte daran nicht teilnehmen, aber sie sah keine Möglichkeit, dem Begräbnis ihres Vaters fernzubleiben. Als sie Walter in die Kirche kommen sah, befiel sie ein Schwindel, und sie kauerte sich zitternd über der Lehne des Kirchengestühls zusammen. Sie bedeckte das Gesicht mit den Händen, damit es aussähe, als bete sie, und als sie sie am Ende sinken ließ, da stand er neben ihr. Er nahm ihre Hand und sah ihr ins Gesicht. Mays Augen begegneten den seinen, die noch genauso blau und unwiderstehlich waren wie früher, und voller Qual sah sie, daß sich sein gutes Aussehen nicht im geringsten vermindert hatte, sondern nur distinguierter geworden war. Sie hielt seine Hand, sie starrte ihm ins Gesicht, und sie hätte auf der Stelle sterben mögen.

»Willst du nicht kommen und mit deiner Schwester sprechen, May?« fragte Walter mit jener wohltönenden, tiefen Stimme, mit der er Richter für sich einnahm, Zeugen in Angst und Schrecken versetzte und Frauen gewann. »Sollten wir nicht an diesem traurigen Tag Vergangenes vergangen sein lassen?«

May zitterte. Sie entzog ihm ihre Hand und flüchtete in den Hintergrund der Kirche. Sie setzte sich so weit von June weg wie möglich, aber doch auch nicht so weit, als daß sie nicht beobachtet hätte, wie June nach Walters Arm griff, nicht umgekehrt, als sie hinausgingen, und wie June trostheischend zu ihm aufblickte, während sein Gesicht ernst und unbeweglich blieb, wie June sich an ihn schmiegte, während er dieses Anschmiegen lediglich duldete. Es konnte nicht sein, daß er sich nur so benahm, weil sie, May, da war; er mußte June innerlich hassen und verabscheuen, genauso, wie sie sie immer noch von ganzem Herzen haßte und verabscheute.

Es geschah bei einem Begräbnis, daß sie sich versöhnten. May erfuhr von Walters Tod durch eine Anzeige in der Zeitung. Und ihr Schmerz darüber war ebenso groß wie damals, als ihre Mutter ihr erklärte, er wolle June heiraten. Sie schickte Blumen, ein riesiges Gebinde aus schneeweißen Rosen, das sie einen halben Wochenlohn kostete. Selbstverständlich würde sie zum Begräbnis gehen, ob June sie nun dort haben wollte oder nicht.

Anscheinend wollte June sie dort haben. Vielleicht glaubte sie, die Rosen seien für die trauernde Hinterbliebene und nicht für den Toten. Jedenfalls kam sie auf May zu, umarmte sie und lehnte elend und verzweifelt den Kopf gegen die Schulter der Schwester. May war es, die das lange Schweigen brach.

»Jetzt weißt du, wie es ist, ihn zu verlieren«, sagte sie.

»O May, May, sei nicht grausam zu mir! Halte mir das nicht jetzt vor. Bitte sei nett zu mir, mir ist doch alles genommen!«

So saß May neben June, und nach dem Begräbnis ging sie mit in das Haus, in dem June mit Walter gelebt hatte. Mit der Bemerkung, ihr sei alles genommen, hatte June wohl mehr ihre emotionellen Reichtümer als die materiellen gemeint, denn abgesehen von gewissen stattlichen Herrensitzen, die sie auf Reisen besichtigt hatte, war May so etwas wie das Interieur dieses Hauses noch nicht zu Gesicht gekommen.

»Ich werde nächsten Monat pensioniert«, bemerkte sie

trocken, »und dann werde ich in einem so genannten Mini-Apartment wohnen, ein Zimmer und Küche.«

Zwei Tage später kam ein Brief von June.

»Liebste May. Sei nicht böse, wenn ich dich so nenne. Du hast immer zu meinen liebsten Menschen gehört, trotz allem, was ich dir angetan habe, und trotz deines Hasses auf mich.

Ich kann nicht bereuen, was ich getan habe, weil mir daraus soviel Glück erwachsen ist, aber ich bin aufrichtig und zutiefst traurig, daß du es warst, die leiden mußte. Und nun, liebe May, möchte ich versuchen, an dir wiedergutzumachen, was ich getan habe, obgleich ich weiß, daß ich das niemals wirklich könnte, nicht mehr jetzt, nach so langer Zeit. Du hast gesagt, du gingst jetzt in Pension und würdest nicht sehr komfortabel leben können. Willst du nicht herkommen und mit mir zusammenleben? Du kannst in diesem Hause so viele Zimmer haben, wie du willst, ich lade dich ein, alles mit mir zu teilen. Du wirst wissen, was ich meine, wenn ich sage, daß ich das nur als gerecht empfinde. Bitte, mache mich glücklich, indem du mir sagst, daß du mir verzeihst und daß du kommst. Immer deine dich liebende Schwester June.«

Den Ausschlag gab, daß June geschrieben hatte, es wäre *gerecht.* Jawohl, es war nur gerecht, wenn May jetzt in den Genuß wenigstens einiger jener guten Dinge kam, die von Rechts wegen ihr gehörten und die ihr June außer ihrem Mann gestohlen hatte. Sie wartete eine Woche, ehe sie antwortete, und dann schrieb sie: »Liebe June, was du vorschlägst, scheint mir eine gute Idee. Ich habe darüber nachgedacht, und ich werde mit dir zusammenziehen. Ich habe sehr wenige persönliche Besitztümer, der Umzug wird mir also nicht viel Kopfzerbrechen machen. Laß mich wissen, wann ich kommen soll. Hier regnet es wieder, und es ist sehr kalt. – Deine May.« Von Verzeihen stand in dem Brief nichts.

Und trotzdem war May, als sie dann mit June das Haus teilte, fast bereit zu verzeihen. Denn jetzt endlich wurde ihr klar, wie Junes Eheleben gewesen war.

»Du kannst ruhig von ihm sprechen, wenn du möchtest«, hatte sie an ihrem ersten gemeinsamen Abend verhalten lauernd gesagt. Wenn es deine Gefühle erleichtert – mir macht es nichts aus.«

»Was gibt's da zu sagen, außer, daß wir vierzig Jahre verheiratet waren, und jetzt ist er tot?«

»Du könntest mir vielleicht ein paar Geschenke zeigen, die er dir gemacht hat.« May nahm diesen und jenen schönen Gegenstand zur Hand, betrachtete staunend Bilder. »Hat er dir dies hier geschenkt? Und wie ist es hiermit?«

»Das waren keine Geschenke. Ich habe es gekauft, oder vielleicht auch er.«

May konnte ihre Aufregung nicht verbergen. »Du mußt doch Angst vor Einbrechern haben. Dies ist hier ja wie Aladins Wunderhöhle. Du hast wohl auch haufenweise Schmuck?«

»Nicht viel«, erwiderte June, unangenehm berührt.

Mays Blick heftete sich auf Junes Verlobungsring, ein armseliges Ding mit Brillantsplittern in neunkarätigem Gold, bei weitem nicht so teuer wie der Ring, den Walter seiner ersten Liebe geschenkt hatte. Selbstverständlich hatte sie ihren behalten, und Walter, obwohl auch damals schon ziemlich betucht, war nicht reich genug gewesen, nur sechs Monate nach dem ersten noch einmal solch einen großartigen Ring zu kaufen. Aber später doch wohl ...?

»Ich hätte doch gedacht, du besäßest einen Ewigkeitsring.«

»Keine Ehe dauert ewig«, sagte June. »Laß uns nicht mehr darüber sprechen.«

Ja, May merkte, sie redete nicht gern darüber. Bald schreckte sie schon zusammen, wenn nur Walters Name erwähnt wurde, und sie entfernte alle Fotos von ihm, die auf dem Flügel und dem Kaminsims im Wohnzimmer gestanden hatten. May fragte sich, ob Walter wohl jemals Briefe an seine Frau geschrieben hatte? Sie waren zwar selten getrennt gewesen, aber es wäre doch merkwürdig, wenn June innerhalb von vierzig Jahren nie einen Brief von ihm bekommen hätte. Als June das erstemal allein ausging, versuchte May, ihren Schreibtisch zu öffnen. Aber er war verschlossen. Die Schubladen von Junes Ankleidekommode gaben nur ein paar Geburtstagskarten her mit hastig daraufgekritzeltem »Alles Liebe – dein Walter«, und die einzige schriftliche Botschaft ihres Mannes, die June für aufhebenswert befunden hatte, fand May zwischen den Seiten eines Kochbuches in der Küche. Es war eine Mitteilung, auf die Rückseite einer Rechnung geschrieben, und sie lautete: »Bäcker hat angerufen. Habe großes Weißbrot für Samstag bestellt.«

In dieser Nacht las May wieder die beiden Briefe, die sie während ihrer Verlobungszeit von Walter bekommen hatte. Jeder begann: »Liebste May.« Vierzig Jahre lang hatte sie keinen Blick darauf geworfen, hatte es nicht gewagt; jetzt aber las sie mit stiller Genugtuung. »Liebste May. Dies ist der erste Liebesbrief, den ich je geschrieben habe. Wenn er nicht besonders gut ist, so mußt du das auf meinen Mangel an Erfahrung zurückführen. Ich vermisse dich sehr, und ich wollte, ich hätte meinen Eltern nicht versprochen, diesen freien Tag mit ihnen zu verbringen ...« – »Liebste May. Danke für deine beiden Briefe. Es tut mir leid, daß es so lange gedauert hat, ehe ich antworte, aber es macht mich ein bißchen nervös, daß meine Briefe es mit deinen nicht aufnehmen können. Aber mit einigem Glück müssen wir uns ja bald keine Briefe mehr schreiben, weil wir dann nicht mehr getrennt sind. Ich wollte, du wärest hier bei mir ...« Der arme Walter war so zurückhaltend und scheu gewesen, unfähig, seine Gefühle auszudrücken, weder auf dem Papier noch in Worten. Aber immerhin hatte er ihr Liebesbriefe geschrieben und keine Benachrichtigungen über Weißbrot. May beschloß, ihren Verlobungsring wieder zu tragen – am kleinen Finger, weil sie ihn nicht mehr über den Knöchel ihres Ringfingers bekam. Wenn June ihn bemerkte, so erwähnte sie es nicht.

»Warst du es, die keine Kinder wollte, oder Walter?«, fragte May.

»Es kamen einfach keine Kinder.«

»Walter hat bestimmt welche gewollt. Als er mit mir verlobt war, haben wir immer davon gesprochen, daß wir drei haben wollten.«

June blickte gequält drein, aber May hätte den ganzen Tag von ihm reden können.

»Er war erst fünfundsechzig«, sagte sie, »für die heutige Zeit sehr früh fürs Sterben. Du hast mir nie erzählt, woran er gestorben ist.«

»Krebs«, sagte June. »Man hat ihn operiert, aber er hat das Bewußtsein nicht wiedererlangt.«

»Genau wie Mutter«, sagte May.

Mal angenommen, June hätte Krebs gehabt und wäre dann gestorben – was wäre dann wohl geschehen? Wenn May an Walters liebevollen Blick und seinen starken Händedruck auf Vaters Begräbnis zurückdachte, dann war sie sicher, er hätte sie geheiratet. Sie drehte den Ring an ihrem kleinen Finger. »Du warst fast so was wie eine zweite Frau, nicht wahr? Muß eine schwierige Position gewesen sein.«

»Bitte, laß uns nicht weiter davon reden«, sagte June, und mit dem Taschentuch vor den Augen verließ sie das Zimmer.

May war glücklich. Zum erstenmal seit vierzig Jahren war sie glücklich. Sie machte sich im Hause zu tun, kümmerte sich um Junes Besitztürner, wischte Staub, polierte, blieb gelegentlich vor einem Bild stehen, um es zu betrachten, und dachte bei sich, wie oft Walter es wohl so angesehen habe. Manchmal stellte sie sich vor, er säße dort in jenem Sessel oder stünde am Fenster, das Herz schwer von Reue und Bedauern über das, was ihm entgangen war. Und sie wußte es nun: Während er sich nach ihr sehnte, hatte sie in der Ferne nach ihm geweint. Jetzt weinte sie nie mehr, June aber tat es viel.

»Ich bin eine alte Närrin, daß ich mich so gehenlasse, aber ich bin schwach, und ich vermisse ihn so.«

»Habe *ich* ihn vielleicht nicht vermißt?«

»Er hat dich immer gern gemocht. Der Gedanke, daß du unglücklich warst, quälte ihn sehr. Er hat oft von dir gesprochen.« June sah sie mitleidheischend an. »Du hast mir verziehen, May, ja?«

»Ja, in der Tat, das habe ich«, antwortete May. Sie wunderte sich ein bißchen über sich selbst, aber ja, sie hatte June verziehen. »Ich denke, du bist genug bestraft worden für das, was du getan hast.« Eine lieblose Ehe, ein Mann, der beständig von einer anderen Frau redete ...

»Ja, ich bin gestraft«, sagte June und schlang die Arme um Mays Hals.

Die Starke und die Schwache. May fielen diese Worte ein, als sie eines Nachts aufgeweckt wurde durch eine Unruhe im Erdgeschoß. Sie hörte Schritte und Geräusche, als ob eine Tür mit Gewalt geöffnet würde. Es war der Einbrecher, den sie immer gefürchtet und vor dem sie June gewarnt hatte. Aber June verkroch sich jetzt natürlich feige in ihrem Zimmer, nicht imstande, irgend etwas zu unternehmen.

Entschlossen zog May ihren Morgenmantel über und ging den Flur entlang zu Junes Zimmer. Das Bett war leer. Sie blickte aus dem Fenster, und beim Schein des Mondes sah sie einen Wagen, der auf dem Kiesweg geparkt stand. Und auf den Gartenweg fiel außerdem das hellere und gelbere Licht aus den Wohnzimmerfenstern. Ein Angstschauer durchlief sie, aber sie wußte, sie mußte stark sein.

Noch ehe sie die Treppe erreichte, hörte sie ein mächtiges Krachen, als ob etwas Schweres splitternd gegen die Wand geprallt sei. Dann ertönten von unten her ein Schrei und rennende Schritte. May kam gerade rechtzeitig an die Treppe, um eine zarte Gestalt durch die Diele hasten und die Haustür hinter ihr zuschlagen zu sehen. Der Wagen wurde gestartet.

Er hatte eine dünne Blutspur hinterlassen. May ging der Tropfenspur nach bis ins Wohnzimmer. June stand an ihrem Schreibtisch. Er war aufgebrochen worden, und der gesamte Inhalt lag auf der Platte verstreut. Sie zitterte, lachte und weinte in schlotternder Hysterie und wies auf die Glasscherben, die überall herumlagen.

»Ich habe die Karaffe nach ihm geworfen. Und ich habe ihn getroffen, er hat sich am Kopf geschnitten, und dann ist er weggerannt!«

May trat dich an sie heran. »Bist du in Ordnung?«

»Er hat mich nicht angerührt. Er hat mit dem Revolver auf mich gezielt, als ich reinkam, aber ich hab mich nicht drum gekümmert. Ich konnte es einfach nicht ertragen, wie er da in meinem Schreibtisch zwischen all meinen privaten Sachen herumwühlte. War ich nicht tapfer? Er hat überhaupt nichts mitnehmen können, bloß ein paar Kleinigkeiten aus Silber. Ich hab ihm das Ding an den Schädel geschmettert, und dann hörte er dich kommen, und da ist er in Panik geraten. War ich nicht tapfer, May?«

Aber May hörte nicht zu. Sie las den Brief, der zuoberst offen auf dem Papierbündel lag, das der Einbrecher aus dem Schreibtisch gezerrt hatte. Walters kühne Handschrift sprang ihr in die Augen, wenn auch ein wenig zurückgenommen, geschwächt durch seine letzte Krankheit: »Mein lieber Liebling, es ist erst einen Augenblick her, seit du die Station verlassen hast, aber ich muß dir trotzdem schreiben. Ich kann meinem inneren Impuls nicht widerstehen, dir gleich zu schreiben und dir zu sagen, wie glücklich du mich in all den Jahren gemacht hast, in denen wir zusammen waren. Wenn denn das Schlimmste passiert, mein Liebling, und ich die Operation nicht überlebe, dann sollst du wissen, daß du die einzige Frau bist, die ich je geliebt habe ...«

»Ich hätte nicht geglaubt, daß ich soviel Courage hab«, sagte June. »Aber vielleicht war der Revolver ja auch gar nicht geladen. Das war ja noch ein halber Junge. Rufst du wohl bitte die Polizei an, May?«

»Ja«, sagte May. Sie nahm den Revolver auf.

Die Polizei kam innerhalb einer Viertelstunde. Sie brachten einen Arzt mit, aber June war bereits tot, aus geringer Entfernung durchs Herz geschossen.

»Wir finden ihn, Miss Thrace, seien Sie unbesorgt«, sagte der Inspektor.

»Aber es ist doch schade, daß Sie den Revolver angefaßt haben. Ich nehme an, ganz in Gedanken, was?«

»Es war der Schock«, sagte May. »Es war der schlimmste Schock meines Lebens – seit ich ein junges Mädchen war.«

## Edgar Wallace
## Die Doppelgängerin

Ein Abend Anfang März. Schneetreiben, glitschiger Matsch auf den Bürgersteigen. Mr. Lester Cheyne hatte es trotzdem nicht eilig. Seine gemächlichen Schritte deuteten darauf hin, daß er ein erfreuliches Erlebnis auskostete und nur ungern der gemütlichen Eingangshalle von Northumberland Court und seinem Luxusapartment zustrebte.

Der Schnee fiel in großen Flocken, die im Licht der Bogenlampen märchenhaft glitzerten. Die Bäume entlang der Themse reckten ihre weißen Äste zum Himmel empor; zwei Schlepper zogen schimmernde Spuren durchs dunkle Wasser, in dem sich die grünen und roten Positionslichter spiegelten. Von einer fernen Brücke blinkten gelblich leuchtende Lampen herüber …

Lester, der den Pelzkragen seines Mantels hochgeschlagen hatte, genoß diesen Anblick. Er spürte jene volle innere Zufriedenheit, wie sie jedem Mann zuteil wird, der eine schwierige Aufgabe gelöst hat.

Es war Hauptverkehrszeit. Die Büros leerten sich, auf den Gehsteigen eilten die Leute in dichten Scharen dahin. Er schlenderte am Geländer vor dem Temple dahin, um die Berufstätigen nicht zu behindern. Auch er gehörte zu den Fleißigen, aber auf anderem Gebiet. Er liebte es, sich als General zu betrachten, der in der Stille seines Studierzimmers ausgeklügelte Vorstöße gegen einen zahlenmäßig überlegenen Feind plante.

Lester Cheyne war ein schlanker, gutaussehender Mann von fünfunddreißig Jahren, wirkte aber wesentlich jünger. Wenn ihn jemand fremden Leuten als erfolgreichen Rechtsanwalt vorstellte, trafen ihn häufig ungläubige Blicke. Er hatte aber wirklich Erfolg, und das bewiesen nicht zuletzt seine große Limousine und das Apartment mit den echten Gobelins. Bei seinem Dahinschlendern hatte es sich nicht vermeiden lassen, daß er ab und zu angestoßen wurde. Man brummte irgendeine Entschuldigung und verschwand wieder in der Nacht.

Aber das Mädchen im braunen Mantel tat mehr: es berührte ihn mit dem Arm, rutschte aus, wurde von dem lächelnden Lester aufgefangen und prägte sich dadurch für immer in sein Gedächtnis ein.

Die Dame rutschte seitlich ab und warf die Arme hoch. Er fing sie gerade noch auf, und sie glitt nach vorne, so daß er sie eine Weile in den Armen hatte.

»Tut mir leid – entschuldigen Sie vielmals!«

Sie fand wieder sicheren Boden unter den Füßen. Zwanzig – vielleicht auch jünger. Oder älter. Er war seiner Sache nicht sicher.

»Verzeihen Sie – ich bin ausgerutscht!«

»Das ist mir auch aufgefallen«, meinte er lachend.

Wenn sie lächelte, wurde sie sogar ausgesprochen hübsch. Man traf solche Frauen nicht oft.

»Ich wußte schon, daß mir heute abend irgend etwas passieren würde«, meinte sie mit der freundlichen Art eines Menschen, der sich auf der Höhe der Situation zeigt. »Ich bin heute früh zu Hause schon einmal ausgerutscht und im Büro dann noch über einen Teppich gestolpert. Aller guten Dinge sind drei.« Sie lächelte ihm schwach zu, wie das vor einem Abschied nehmenden Nicken üblich ist, und beschleunigte ihre Schritte. Kurz danach schoß ihre Hand nach vorn und umklammerte die oberste Stange des Geländers. Er eilte ihr nach.

»Lassen Sie sich lieber begleiten – meine Schuhe haben rutschfeste Sohlen. Wie weit müssen Sie noch?«

»U-Bahnstation Charing Cross«, sagte sie. »Vielen Dank, wenn es Ihnen nicht zuviel Mühe macht.«

Sie wohnte in einem Junggesellinnenheim in Hampstead und arbeitete in einem Büro am Kings Bench Walk. Sie hatte zwei der Theaterstücke gesehen, von denen er sprach ...

Schäbig? Nicht ganz. Billig angezogen, das beschrieb sie besser. Er konnte sich ausrechnen, wieviel der Mantel gekostet hatte – im Kaufhaus, versteht sich.

Mr. Lester Cheyne hatte seinen Anteil an Abenteuern hinter sich; unter anderem war da auch eine junge Stenotypistin gewesen. Aber dieses Gesicht ließ sich mit nichts vergleichen. Er kam auch nicht von dem Gefühl los, daß er sie irgendwo schon einmal gesehen hatte.

»Haben Sie schon gegessen?« fragte er.

»Ich? Du lieber Himmel, nein! Ich esse erst, wenn ich zu Hause bin – und Hunger habe. Heute abend fehlt es daran bestimmt nicht!«

Er schien zu überlegen.

»Wenn ich Sie zum Essen einladen würde, hielten Sie es dann für nötig, einen Polizisten zu rufen?« fragte er.

»Ich glaube nicht. Man kann nicht das ganze Jahr über zwischen Temple und Charing Cross hin- und hereilen, ohne gelegentlich solche Einladungen zu bekommen«, erwiderte sie lächelnd.

»Und wie viele davon haben Sie angenommen?« fragte er rundheraus.

Sie schüttelte den Kopf.

»Das habe ich mir gedacht«, meinte er. »Aber ich wohne in sehr solider Gesellschaft. Links ein Parlamentsabgeordneter, rechts der Dekan von Westchurch –«

»Ach! – Sie meinten in Ihre Wohnung?« In ihrer Stimme schwang eine Spur von Enttäuschung mit. »Das ist doch wirklich ausgeschlossen, nicht wahr? Ich meine …«

Sie sagte nicht, was sie meinte, aber darauf kam es auch nicht an. Es überraschte ihn nicht, daß sie seine Einladung nicht rundweg abgelehnt hatte, dafür kannte er die Frauen zu gut. Man mußte bei ihnen mit allem rechnen.

»Ich wünschte beinahe, daß der Dekan ein Bischof, der Abgeordnete ein Minister und ich statt einfacher Rechtsanwalt Oberrichter wäre«, murmelte er bedauernd.

Jetzt kam es darauf an, ob sie vom Wetter sprach oder sich zu seinen letzten Worten äußerte.

»Sie sind Rechtsanwalt? Dann muß ich Sie kennen. Es gibt im ganzen Temple keinen Anwalt, dem ich nicht schon begegnet wäre.«

Er sprach also von seinem Beruf, bis sie die U-Bahnstation erreicht hatten. Ihre Schritte wurden langsamer. Vor den Schaltern blieb sie stehen.

»Ich würde nicht wagen, Sie in ein ausgefallenes Lokal einzuladen – dazu würden Sie sich bestimmt umziehen wollen. Aber, Seezunge, Fasan gegrillt und als Nachspeise plebeischer Reispudding –«

»Hören Sie auf! Ich komme mir vor wie ein schiffbrüchiger Matrose!«

Sie zögerte immer noch und schüttelte den Kopf.

»Wirklich nett von Ihnen, und irgendwie weiß ich auch, daß Sie – in Ordnung sind. Aber es geht nicht. Wo wohnen Sie denn?«

Er deutete zur Eisenbahnbrücke hinüber.

»Northumberland Court – neben dem Club der Nationalliberalen. Meine beiden Dienstboten sind sehr fromm, und weil sie das Schlimmste befürchten, gucken sie durch die

Schlüssellöcher, um es nur ja nicht zu versäumen. Sie vermögen aber ihre Frömmigkeit mit einem erheblichen Verbrauch von Bier in Einklang zu bringen!«

Sie sah ihn die ganze Zeit an, wider Willen belustigt.

»Sie reden wie ein Schriftsteller!« sagte sie, und er ärgerte sich ein bißchen. »Ein halbes Abenteuer ist schlimmer als ein ganzes«, meinte sie schließlich. »Her mit Ihrem Fasan und den frommen Dienstmädchen!«

Sie begann etwas schneller zu gehen, beinahe ein bißchen atemlos. Er hoffte, sich nicht getäuscht zu haben. Ihren Standpunkt glaubte er genau verstehen zu können. Sie überquerte den Rubikon – aber einen seichten Rubikon. Man konnte beim ersten Anzeichen von Gefahr zurückwaten – konnte in der Mitte sogar stehenbleiben und überlegen. Viele Frauen hatten sich diesen praktischen Fluß ausgedacht, um später über die Untiefen und die reißende Strömung entsetzt zu sein.

Seine Wohnung lag im Erdgeschoß. Eine der beiden grimmigen Hausdamen öffnete die Tür und verschwand eilig im Eßzimmer, ein zweites Gedeck aufzulegen. Ihr Gegenstück lauerte an der Tür zum Wohnzimmer.

»Legen Sie Hut und Mantel in mein Zimmer«, sagte Lester. »Mary wird Ihnen zeigen –«

»Oh – schauen Sie mich an!«

Die Augen des Mädchens waren weit geworden – es deutete auf die Fotografie auf dem Kaminsims.

Zuerst ärgerte er sich über seine Dummheit, die ihn dazu verführt hatte, das Bild stehenzulassen. Erst diesen Morgen war es eingetroffen.

Dann kam das Staunen. Zweifellos bestand eine deutliche Ähnlichkeit zwischen Lady Alice Farranay und Miss Braunmantel. Eine Ähnlichkeit und doch wieder auch keine ... Daher rührte also das Gefühl, ihr schon einmal begegnet zu sein. Er erklärte ihr die Unterschiede.

»Aber das ist doch albern!« meinte sie mit der Ungezwungenheit einer älteren Schwester. »Ich habe kurzes Haar und sie nicht – das ist der Unterschied. Ich weiß nicht recht« – sie zweifelte plötzlich –, »die Nase ...? Die Fotografen retuschieren ja soviel ... Aber ich bin ihr jedenfalls ähnlich.«

Sie hatte den Hut abgenommen, und die Ähnlichkeit sprang nicht mehr so stark in die Augen.

Mary stand immer noch an der Tür und trat von einem Fuß auf den anderen. Das Mädchen verließ mit ihr das Zimmer, um sich zurechtzumachen.

Lester nahm das Foto, betrachtete es kalt und legte es in eine Schublade. Nach dem Essen mußte es in den Tresor, zusammen mit dem Foto von Lady Alice, das der Butler an dem Tag aufgenommen hatte, als Johnny Basterby nach Indien abgereist war, und auch zusammen mit den Briefen, die er ihr geschrieben hatte.

Eine schwierige Sache.

Deswegen starrte Lester das Bild so grimmig an. Würde sie nachgeben? Konnte man die Briefe so auslegen, wie Lester es brauchte? Das vom Butler geknipste Foto ... Eine Rückenansicht, wenn auch zweifellos von Lady Alice. Aber es war einem Vetter doch wohl gestattet, den Arm um sie zu legen? Am nächsten Tag mußte er doch nach Indien fahren. Diese Probleme hatte Mr. Cheyne an der Themse mit sich herumgetragen und zu seiner vollen Zufriedenheit gelöst, bevor das Mädchen im braunen Mantel seine Aufmerksamkeit in Anspruch nahm.

Lady Alice würde nicht kämpfen. Solche Frauen wehrten sich nie, vor allem dann nicht, wenn sie Geld genug hatten.

Nicht intelligente Frauen. Alice konnte ebensogut einen Scheck über zehn wie über dreißig Pfund ausstellen. Profitieren würde, wie immer, der ungenannte Klient. – Es klopfte.

»Das sind Sie ja endlich!«

Er war erleichtert, sie zu sehen. Ihr Anblick verscheuchte die tristen Gedanken.

»Was haben Sie mit dem Bild gemacht?« fragte sie enttäuscht. »Schade, ich hätte es mir gerne noch einmal angesehen!«

»Fasan!« erinnerte er lächelnd. »Und Reispudding!«

Sie bewunderte das Mobiliar, die Stiche, den Corot im Eßzimmer.

Als sie am gedeckten Tisch Platz nahmen, sagte sie: »Sie sind sicher verheiratet? Irgendwie spürt man die weibliche Hand, wobei ich nicht Ihre beiden Zerberusse meine –«

Mary schob den Servierwagen herein, und das Mädchen verstummte. Lester starrte es fasziniert an. Wirklich außergewöhnlich hübsch, dachte er, und Hände hat sie!

Als Mary gegangen war, erklärte seine Besucherin: »Mir kommt das alles ganz unwirklich vor, wissen Sie. Wie in einem Tagtraum. Ich heiße übrigens Lois Martin. Diese Information steht Ihnen wohl zu.«

»Ich bin Lester Cheyne ... Verzeihen Sie, daß ich mich nicht schon früher vorgestellt habe.«

»Wer ist sie eigentlich – wenn diese Frage erlaubt ist?«

»Wer? Ach so, Sie meinen die Fotografie? Eine – entfernte Bekannte ... Ich weiß nicht sehr viel von ihr, außer, daß sie mit einem sehr reichen und gemeinen Mann verheiratet ist. Er ist dreißig Jahre älter als sie.«

»Warum hat sie ihn denn geheiratet?«

»Ich sagte schon, er ist sehr reich.«

Lois Martin seufzte. »Man sollte wohl solche Frauen verachten. Aber Geld bedeutet sehr viel; es spielt eben eine wesentliche Rolle. Man kann sich von der Masse freikaufen, und dort hält man sich nicht auf, ohne irgend etwas zu verlieren – Blüte oder Freiheit. Mit Geld kann man zumindest Isolierung erkaufen.«

Er sah sie fragend an. Sie war sehr ernst geworden.

»Und wen lieben Sie?« erkundigte er sich.

»Vorerst nur Träume und alle schönen Dinge, die darin vorkommen.«

Ihre linke Hand ruhte auf dem Tisch. Er berührte sie mit der seinen, und sie zog sie nicht fort. Weiter ging er nicht. Diese erstaunliche Ähnlichkeit mit Lady Alice verlieh der Sache einen besonderen Reiz. Eine Frau zu lieben und ihr Ebenbild zu erpressen – amüsant.

»Sie gefallen mir«, meinte er. »Haben Sie etwas gegen Menschen, die auf den ersten Blick andere Leute sympathisch oder unsympathisch finden?«

»Nein. Man wird entweder von dem anderen wie mit einem Magneten angezogen, oder das Gesicht bleibt eines unter vielen.«

»Genau meine Ansicht«, sagte er zufrieden. »Ich springe am liebsten sofort in den großen Salon der Freundschaft – ich hasse es, an der Tür meinen Namen zu nennen, durch die Vorhalle gehen und jedesmal von neuem meine Vorzüge erläutern zu müssen. Bis man an einem vernünftigen Punkt angelangt ist, steht man als Langweiler da.«

Als sie um acht Uhr aufbrechen wollte, hielt er sie nicht zurück.

»Ich hoffe aber, daß Sie bald einmal wieder zu mir zum Abendessen kommen. Ich habe irgendwie das Gefühl, daß wir einander sehr viel nützen könnten – ich bin sehr prosaisch, nicht wahr? Aber ich habe etwas für junge Mädchen übrig, die nicht um jeden Preis ein angenehmes Leben führen wollen.«

Der väterliche Ton stand ihm stets zur Verfügung, aber diesmal verbarg sich eine ernsthafte Absicht hinter seiner kleinen Ansprache. Ob und wie sie sich in seine Pläne einfügen ließ, mußte die Zeit erbringen.

Sie zögerte. »Ich weiß nicht ... Möchten Sie denn wirklich, daß ich komme?«

Er brachte sie mit einem Taxi nach Hampstead, und während der ganzen Fahrt lösten sich ihre Hände nicht voneinander.

Er hatte also allen Grund zufrieden zu sein, als er nach Northumberland Court zurückkam, wo er wieder über Lady Alice Farranay nachdachte.

Mr. Cheynes Büro befand sich in der City von London, nahe Aldermanbury. Sein Personal bestand aus einer jungen Dame, die mit zwei Fingern ihre Briefe tippte und sich mit einem Minimum an Intelligenz durchs Leben schlug. Als er läutete, kam sie ins Zimmer. Sie trug einen enganliegenden, dünnen Pullover und eine auffällige Halskette.

»Mr. Mortlake wartet schon seit einer halben Stunde«, sagte sie leise. In den zwei Jahren bei Cheyne hatte sie wenigstens gelernt, daß man nicht brüllt.

»Führen Sie ihn herein, Clarissa.«

Er war guter Laune. Sie lächelte und schüttelte mißbilligend den Kopf, denn sie hieß Annie.

Ein adrett gekleideter kleiner Mann mit massivem Schädel und bleichem Gesicht betrat auf Zehenspitzen das Zimmer, die Melone in der Hand. Er setzte sich auf den Stuhl vor Cheynes Schreibtisch und legte seinen Hut auf den Boden.

»Gibt es etwas Neues –?« Er neigte den Kopf fragend zur Seite.

»Nichts, Mr. Mortlake.«

Mr. Cheyne hatte die Post bereits durchgesehen. Kein Umschlag trug den Poststempel »Melton Mowbray«.

»Ah – sie wird schon schreiben. Lady Alice ist sehr eigensinnig, aber sie wird es nicht wagen ... Das glauben Sie doch auch?«

Mr. Cheyne zuckte die Achseln. »Sie kennen Mylady am besten«, meinte er. »Ich mache mir eigentlich Sorgen – ja, es tut mir fast leid, daß ich mich dazu bereitgefunden habe, Ihre Interessen zu vertreten. Der Fall ist äußerst merkwürdig. Er riecht beinahe nach Erpressung.«

In Mr. Cheynes Beziehungen zu seinen ungenannten Klienten kam stets der Augenblick, da er offen erklärte, er bedauere es, den Fall übernommen zu haben, der doch praktisch auf Erpressung hinauslaufe. Trotzdem machte er weiter bis zum bitteren Ende, um genau zu sein, bis ein Scheck oder ein versiegeltes Päckchen mit Banknoten es ihm erlaubte, die Angelegenheit abzuschließen.

Manchmal gab es unerquickliche Auseinandersetzungen. Einige Klienten beschwerten sich über ihren geringen Profit.

Da war der Diener Sir Arthur Keverlings gewesen. Er hatte ein Bündel Briefe von der jungen Frau des Kommandeurs gefunden. Dann Millie Winston mit dem indiskreten Tagebuch ihrer Lady; und der Bruder von Fay Lanseer, dem fünftausend Pfund als magerer Anteil an siebzigtausend Pfund vorkamen, die Lord Charholm bezahlt hatte, damit seine Briefe nicht vor Gericht verlesen wurden. Aber sie alle hatten dankend auf die von Mr. Cheyne aufgezeigte Alternative verzichtet – Geld und Dokumente mit einem Schreiben zurückzugeben, in dem Mr. Cheyne entsetzt erklärte, nichtsahnend Erpressern Vorschub geleistet zu haben.

Mortlake jedenfalls erschrak. »Ich verstehe gar nicht, wie Sie so etwas sagen können, Mr. Cheyne. Als ich das erstemal bei Ihnen war, rieten Sie mir doch, sie auf Schadenersatz und Rückgabe eines Darlehens zu verklagen, nachdem man mich fristlos hinausgeworfen hatte!«

Was auch stimmte.

Mr. Cheyne war ein Erpresser, aber auf die vornehme Art. Er konnte sehr wohl die Rückgabe angeblicher Darlehen einklagen: das gehört zum Beruf eines Anwalts. Er konnte kompromittierende Dokumente bei sich aufbewahren, als Beweis für die Vertrauenswürdigkeit seiner Klienten. Denn wer händigte schließlich solche Briefe seinem Dienstpersonal zur sicheren Aufbewahrung aus, wenn er mit ihm nicht auf derart vertrautem Fuß stand, daß sehr wohl auch das Darlehen verlangt und zugestanden worden war? Und wenn die Opfer der ungenannten Klienten erklärten, die Briefe seien gestohlen worden, mußte man das als schwerste Anschuldigung werten; Mr. Cheyne pflegte dann jedenfalls sofortige Strafanzeige gegen den räuberischen Diener vorzuschlagen.

»Sie sind vor sechs Wochen aus den Diensten von Lady Alice geschieden – waren Sie lange bei ihr tätig?«

»Achtzehn Monate«, erwiderte Mr. Mortlake. »Seine Lordschaft hat mich kurz nach seiner Hochzeit eingestellt. Ich muß sagen, daß Lady Alice noch erträglich ist. Mit ihm aber kann man überhaupt nicht auskommen.«

»Eifersüchtig?«

»Und wie!« meinte Mr. Mortlake lächelnd. »So lange jedenfalls, bis er sich mit Miss Wenbury einließ. Er würde für eine Scheidung alles geben, und das weiß Mylady auch. Man muß sich vor Seiner Lordschaft in acht nehmen ...«

Er erklärte im einzelnen, warum und wieso, und Mr. Cheyne lauschte. Er war keineswegs empfindlich.

»Mit den Briefen könnte er die Scheidung durchsetzen – die Fotografie ist wertlos. Wir brauchen mehr. Ich frage mich ...« Er runzelte die Stirn.

Lois Martin konnte bei entsprechender Aufmachung sehr wohl als Lady Alice figurieren – er war sich nur noch nicht im klaren darüber, wie sich die Ähnlichkeit nutzen ließ.

»Also gut – morgen brauchen Sie nicht zu kommen. Sagen wir Freitag, oder noch besser, nächsten Montag.«

Annie führte Mr. Mortlake hinaus.

Mr. Cheyne schrieb eigenhändig einen Brief.

»Betrifft: Sie und einen ungenannten Klienten.

Mylady,

wir sind überrascht, auf unser Schreiben vom 13. ds. Mts. noch keine Antwort erhalten zu haben. Sicherlich werden Sie unser Bestreben, Ihnen unnötige Sorgen und Auslagen zu ersparen, zu würdigen wissen. Wir haben auch nicht die Absicht, den Namen unseres Klienten zu nennen, da Ihnen das eine finanzielle Transaktion schmerzlich ins Gedächtnis rufen müßte, die sich mit Ihrer Würde wohl nicht vereinbaren läßt. Wir wiederholen kurz die Grundlagen unserer Forderung: Im vergangenen Oktober liehen Sie sich bei unserem Klienten die Summe von fünfzigtausend Pfund, wofür Sie ihm als Sicherheit gewisse Briefe überließen, die zwischen Ihnen und Captain John Basterby gewechselt worden waren. Ihre Feststellung im Brief vom 3., unser Klient habe die Briefe gestohlen, muß als schwere Anschuldigung gewertet werden. Unter den gegebenen Umständen müssen wir Sie auffordern, gegen unseren Klienten wegen des behaupteten Diebstahls Strafanzeige zu erstatten. Was die Erklärung betrifft, er habe niemals fünfzigtausend Pfund besessen, dürfen wir auf die Versicherung unseres Klienten verweisen, es sei ihm eine größere Erbschaft von einem Onkel in Amerika zugefallen. Wir sehen uns genötigt, Sie nochmals um Nennung Ihres Anwalts zu bitten, mit dem der weitere Schriftwechsel geführt werden kann.«

Sehr korrekt. Unangreifbar. Er trocknete das Blatt mit dem Löscher und übergab es seiner Stenotypistin zur Abschrift.

Zwei Tage später erschien Lois Martin am Abend in seiner Wohnung. Mr. Cheyne öffnete selbst die Tür.

»Macht es Ihnen etwas aus, kalt zu essen? Mein Personal hat Grippe. Hoffentlich ängstigt Sie das nicht.«

Sie lächelte. »Nicht im geringsten«, meinte sie.

Er hatte befürchtet, sie würde im Abendkleid kommen – im Schlußverkauf-Abendkleid, versteht sich. Aber sie trug nur ein helles Kleid und neue Schuhe.

»Ich habe sehr viel über Sie nachgedacht«, erklärte er.

»Und –?«

»Nun – diese Hast ins Büro, eingepfercht zwischen den vielen Leuten, die Eintönigkeit und so weiter. Sie passen da nicht hinein. Wieviel verdienen Sie pro Woche?«

Sie nannte eine Summe, während er ihr den Mantel abnahm. – »Lächerlich!« erregte er sich.

Er warf den Mantel aufs Sofa und führte sie zum Kamin. Als er den Arm um sie legte, zuckte sie nicht einmal zusammen. Sie hob den Kopf und sah ihn lächelnd an.

»Wir kommen einander immer näher«, sagte sie.

»Stört Sie das?«

Sie schüttelte den Kopf. »Nein. Es ist sehr leicht, sich verwöhnen zu lassen.«

Er küßte sie, und nach ein paar Sekunden machte sie sich los.

»Sagen Sie, arbeiten Sie eigentlich im Temple?«

»Nein – in der City. Ich habe ein kleines Büro in der Nähe der Queen Victoria Street.«

Sie verzog den Mund. »Wie uninteressant! Ich dachte eigentlich, Sie wären Strafverteidiger. Bei uns bearbeitet man auch nur langweilige Fälle. Sie arbeiten hier in Ihrer Wohnung auch sehr viel, nicht wahr?«

Sie berührte den Griff des grünen Wandsafes.

»Merkwürdig. Er paßt gar nicht zu den Möbeln, und Sie haben doch einen so guten Geschmack.«

»Wir wollen jetzt essen«, meinte er strahlend. Für Schmeicheleien war er stets empfänglich. Er füllte die Weingläser und sagte, nachdem sie getrunken hatten, voll Übermut: »Ich werde Sie reich machen.«

Sie lachte. »Das klingt verlockend«, meinte sie, und er gab ihr recht. Frauen lieben das Direkte, sagte er sich. Er wußte Bescheid. Allzu große Vorsicht hemmt den Fortschritt. Er drückte sich trotzdem geschickt aus, und sie lauschte ohne Protest.

»Das kann ich nicht ... Ich glaube, das geht nicht. In unserem Heim muß man um zwölf Uhr zu Hause sein. Und ... nein!«

Aber man beschloß, ihre Sachen am nächsten Tag abholen zu lassen.

»Reden wir von etwas anderem. Wo ist das Bild der schönen Frau, der ich ähnlich sehe? Wer ist es nun wirklich?«

Er füllte erneut die Gläser.

»Sie ist die Beklagte in einem Rechtsstreit, den ich für einen ungenannten Klienten führe.«

Sie bat ihn, das Bild noch einmal zu zeigen.

»Ein paar kleine Veränderungen, und du wärst ihr Ebenbild«, meinte er, als er aus dem Nebenzimmer zurückkam und das Bild vor ihr auf den Tisch legte.

Sie starrte die Fotografie an. »Wer ist sie?«

»Die Tochter eines unsympathischen Offiziers«, erwiderte er leichthin. »Aber zum Teufel mit ihr! Sprechen wir von wichtigeren Dingen.«

Er stand hinter ihr, legte die Arme um sie und küßte sie aufs Haar.

»Vielleicht hat sie auch einen ungenannten Klienten«, flüsterte sie.

Er lachte. »Du verstehst immer noch nicht. Nur Anwälte haben Klienten –«

Sie wandte den Kopf. Er suchte ihre Lippen.

»Nein ... Ich kann nicht. Es war dumm von mir, herzukommen. Trink deinen Wein.«

Sie machte sich los, aber aus jeder Bewegung sprach ihre Hingabe.

Er hob sein Glas. »Auf uns!« sagte er.

»Auf den ungenannten Klienten!« spottete sie. Sie leerten die Gläser.

»Merkwürdig, wie wir beide uns kennengelernt haben«, meinte er. »Aus all den Millionen Menschen in der großen Stadt – du siehst ihr wirklich sehr ähnlich.«

»Wem?«

»Lady Alice – du trägst nur dein Haar anders, sonst wärst du ihr Double.«

Sie hatte die ganze Zeit aufs Tischtuch gestarrt. Jetzt hob sie den Kopf und lächelte schwach.

»Das bin ich wohl auch – es muß ja so sein. Ich bin Lady Alice Farranay!«

Er öffnete überrascht den Mund, sah sie eine Weile an und lachte dann. »Für einen Augenblick hast du mich beinahe aus der Fassung gebracht.«

Sie schüttelte den Kopf.

»Ich bin wirklich Lady Alice. Sie sind ein sehr schwieriger Gegner, wissen Sie. Ich hatte schon von Ihnen gehört – Fay Keverling schüttete mir ihr Herz aus. Selbstverständlich haben Sie die Briefe von Mortlake – einem Butler? Sie sehen, ich habe recht!«

»Sie sind – Lady Alice?«

Er war wie betäubt.

»Ich habe damit gerechnet, daß es einfach sein würde – aber nicht so einfach. Und als Sie mich hierher zu einem kleinen Abendessen einluden, wußte ich, daß Sie allein sein würden. Ich mußte es einfach tun. Ich habe auch einen ungenannten Klienten – für den es sich zu kämpfen lohnt«, sagte sie.

Er lächelte verzerrt. »Donnerwetter ... Sie haben Nerven ... Sie gehen jetzt wohl besser, Lady – Lady Alice ...«

Seine Stirn war feucht. Sein Atem ging in fliegenden Stößen. »Was hofften Sie ... eigen ... eigen'lich hier ... ssu erreichen?«

Warum sprach er nur so undeutlich, warum hämmerte sein Herz so stark?

»Die Briefe ... Sie haben sie in Ihrem Safe. Das konnte ich mir ausrechnen. Und der Schlüssel hängt an der Kette in der Tasche. Ich habe Ihnen etwas in den Wein getan, als Sie vorhin das Zimmer verließen. Morphium und noch etwas anderes – ich kenne da einen netten alten Arzt, von dem ich Gift haben könnte, wenn ich es brauchte ...«

Das übrige hörte er kaum noch. Er umkrampfte den Tischrand, nahm seine ganze Willenskraft zusammen und versuchte, zur Tür zu gehen. Dann knickten seine Knie unter ihm ein, er brach zusammen und begrüßte den Boden als sanftes Ruhebett für süße Träume ...

Die junge Frau beobachtete ihn, bis er regungslos dalag, dann nahm sie ihm die goldene Schlüsselkette ab, wählte einen der Schlüssel aus und ging zum Safe. Sie sperrte auf, und ihre Finger zitterten nicht.

Sie nahm die Briefe heraus und las die ersten Sätze. Ihr Blick blieb an ein paar bedeutsamen Worten haften.

»... habe das Gefühl, daß etwas Besonderes geschehen ist. Du wirst es mir sagen, Geliebte, nicht wahr? Ich bin immer für Dich da ...«

Lady Alice Farranay lächelte ein bißchen, warf Foto und Briefe ins Feuer und wartete, bis sie zu Asche zerfallen waren. Auf dem Tisch lag noch ihr Bild. Wie war sie erschrokken, als sie es beim ersten Besuch in der Wohnung entdeckt hatte! Aber Cheynes Argwohn war nicht wach geworden, weil sie selbst ihn als erste auf die Ähnlichkeit aufmerksam gemacht hatte. Auch dieses Bild verbrannte im Kaminfeuer.

Sie sperrte den Safe wieder ab, befestigte die Schlüsselkette an der Tasche des Bewußtlosen, nahm ihren Mantel, verließ das Haus und winkte ein Taxi herbei.

Mr. Cheyne befand sich in einer kleinen italienischen Stadt im Ruhestand, als er die Meldung in der Pariser Ausgabe der englischen Zeitung las. Er wußte natürlich, daß der alte Duke und sein unmöglicher Sohn, Lord Farranay, in derselben Woche gestorben waren, aber diese Nachricht kam überraschend:

»Lady Alice Farranay brachte gestern einen Sohn zur Welt. Ganz Billshire freut sich darüber, daß es einen neuen Duke gibt. Lady Alice ist die Tochter des verstorbenen Generals Sir Gregory Stannart, stammt also aus einer berühmten Soldatenfamilie.«

»Pff!« sagte Mr. Cheyne, der sich aus gutem Grund »Mr. Burton Smith« nannte und seinen Schnurrbart abrasiert hatte. »Pff! Ein Baby ...! Ungenannter Klient! Darauf wäre ich nie gekommen!«

## Agatha Christie
## Stille vor dem Sturm

»Im Grund gibt es nichts Schöneres als das Landleben, nicht wahr?« sagte Inspektor Japp und atmete voll Andacht tief durch die Nase ein und den Mund wieder aus. Poirot und ich stimmten von Herzen zu. Der Inspektor von Scotland Yard hatte den Einfall gehabt, gemeinsam ein Wochenende in dem freundlichen Landstädtchen Market Basing zu verbringen. Außer Dienst war Japp ein eifriger Botaniker und konnte noch die kleinsten Pflanzen bestimmen, die alle unglaublich lange lateinische Namen hatten (allerdings sprach er sie etwas seltsam aus). Er tat dies mit einer Begeisterung, die noch größer war als die für seinen Beruf.

»Niemand kennt uns dort, und wir kennen niemanden«, erklärte er uns. »Das ist die Idee dabei.«

Dies sollte sich jedoch als Irrtum herausstellen, denn der Ortspolizist war zufällig aus einem Dorf fünfzehn Meilen entfernt hierherversetzt worden, wo ihn ein Fall von Arsenvergiftung mit dem Scotland-Yard-Mann in Berührung gebracht hatte. Jedenfalls trug sein erfreutes Erkennen des großen Mannes nur noch mehr zu Japps Wohlbefinden bei, und als wir uns am sonnigen Sonntagmorgen im Dorfgasthof zum Frühstück hinsetzten, während die Geißblattblüten zum Fenster hereinsahen, waren wir bester Laune. Eier und Speck waren ausgezeichnet, der Kaffee weniger gut, aber passabel und kochend heiß.

»Ein schönes Leben«, sagte Japp. »Wenn ich pensioniert bin, werde ich mich aufs Land zurückziehen. Weit weg von Verbrechen, wie hier!«

*»Le crime, il est partout«,* bemerkte Poirot, bediente sich mit

einer schönen Scheibe Brot und sah stirnrunzelnd auf einen Spatzen, der sich frech auf dem Fenstersims niedergelassen hatte.

»›Der Hase hat ein harmloses Gesicht‹«, zitierte ich, »›doch heimlich tut er schlimme Dinge. Aber nein, ich verrat euch nicht, was das sind für schlimme Dinge.‹«

»Mein Gott«, sagte Japp und lehnte sich zurück. »Ich glaube, ich könnte noch ein Ei und vielleicht ein oder zwei Scheiben Speck vertragen. Was meinen Sie, Captain Hastings?«

»Ich mache mit«, erwiderte ich eifrig. »Und Sie, Poirot?«

Poirot schüttelte den Kopf.

»Man soll den Magen nicht so füllen, daß der Kopf nicht mehr arbeitet.«

»Ich riskiere es, den Magen noch mehr zu füllen.« Japp lachte. »Ich habe einen Riesenmagen, und übrigens setzen Sie auch Fett an, Monsieur Poirot. Bitte, Miss, noch zweimal Eier und Speck.«

In diesem Augenblick erschien eine große Gestalt an der Tür. Es war Pollard, der Polizist.

»Hoffentlich verzeihen Sie, daß ich den Inspektor störe, Gentlemen. Aber ich brauche seinen Rat.«

»Ich bin im Urlaub«, erklärte Japp hastig. »Ich arbeite nicht. Um was geht es?«

»Ein Gentleman im ›Leigh House‹ oben brachte sich durch Kopfschuß um.«

»Nun, das wird sich aufklären«, meinte Japp gleichgültig. »Vermutlich Schulden oder eine Frau. Tut mir leid, daß ich Ihnen nicht helfen kann, Pollard.«

»Die Sache ist nur, daß er sich nicht selbst erschossen haben kann. Jedenfalls behauptet das Dr. Giles.«

Japp stellte seine Tasse hin.

»Er *kann* sich nicht erschossen haben? Was soll das heißen?«

»Das behauptet Dr. Giles«, wiederholte Pollard. »Er sagt, es sei einfach unmöglich. Er wundert sich zwar, daß die Tür von innen verriegelt und das Fenster zu war, aber er bleibt dabei, daß der Mann nicht Selbstmord begangen haben kann.«

Das war entscheidend. Die zweite Ladung Speck und Eier wurde zur Seite geschoben, und ein paar Minuten später marschierten wir, so schnell wir konnten, in Richtung »Leigh House«, und Japp fragte den Polizisten eifrig aus. Der Name des Verblichenen war Walter Protheroe, ein Mann in mittleren Jahren, eine Art Einsiedler. Vor acht Jahren war er nach Market Basing gekommen und hatte »Leigh House« gemietet, ein weitläufiges, vernachlässigtes Besitztum, das fast in sich zusammenfiel. Er bewohnte nur einen Teil, und eine Haushälterin, die er mitgebracht hatte, kümmerte sich um ihn. Sie hieß Miss Clegg, war eine würdige Erscheinung und hoch geschätzt im Dorf. Seit kurzem hatte Protheroe Besuch gehabt, der bei ihm wohnte – Mr. und Mrs. Parker aus London. Heute morgen, als sich auf ihr Klopfen nichts rührte und die Tür verschlossen blieb, hatte Miss Clegg besorgt einen Arzt und die Polizei gerufen. Pollard und Dr. Giles waren im selben Augenblick eingetroffen. Mit vereinten Kräften war es ihnen gelungen, die Eichentür zum Schlafzimmer aufzubrechen.

Protheroe lag auf dem Boden, durch den Kopf geschossen. Die Pistole ruhte in seiner rechten Hand. Es sah wie ein klarer Fall von Selbstmord aus.

Nach der Untersuchung der Leiche war Dr. Giles jedoch deutlich verwirrt und zog schließlich den Polizisten zur Seite; um ihm sein Erstaunen mitzuteilen, worauf Pollard sofort an Japp dachte. Er ließ den Arzt im Haus zurück und eilte zum Gasthof.

Bis Pollard seine Geschichte zu Ende erzählt hatte, waren wir im »Leigh House« angekommen, einem großen, düsteren Haus in einem ungepflegten, unkrautüberwucherten Garten. Die Eingangstür stand offen, und wir gingen durch die Halle in ein kleines Frühstückszimmer, aus dem Stimmen drangen. Vier Leute waren im Raum: ein hastig angekleideter Mann mit schlauem, unangenehmem Gesicht, den ich auf Anhieb nicht mochte, eine Frau von ähnlichem Typ, obwohl irgendwie stattlich, eine weitere Frau in Schwarz, die abseits stand und die ich für die Haushälterin hielt, und ein großer Mann in sportlichem Tweed mit energischem, klugem Gesicht. Offenbar war er Herr der Lage.

»Dr. Giles«, sagte Pollard, »das sind Kriminalinspektor Japp von Scotland Yard und seine beiden Freunde.«

Der Arzt begrüßte uns und machte uns mit Mr. und Mrs. Parker bekannt. Dann wurden wir hinaufbegleitet. Auf ein Zeichen von Japp blieb Pollard unten, um das Haus zu überwachen. Der Arzt führte uns oben durch einen Korridor. Am Ende gähnte ein leerer Türrahmen, Splitter hingen noch in den Angeln. Die Tür selbst war ins Zimmer auf den Boden gekracht.

Wir traten ein. Die Leiche lag noch auf dem Boden. Protheroe trug einen Bart und hatte graue Schläfen. Japp kniete sich neben dem Toten nieder.

»Warum konnten Sie ihn nicht so lassen, wie Sie ihn fanden?« brummte er.

Der Arzt zuckte die Schultern. »Wir hielten es für einen klaren Fall von Selbstmord.«

»Hm! Die Kugel trat hinter dem linken Ohr ein.«

»Genau«, bestätigte der Arzt. »Es ist ganz unmöglich, daß er sich selbst erschossen hat. Er hätte mit der Hand um den Kopf langen müssen – also ganz unmöglich.«

»Und doch hielt er die Pistole in seiner Hand? Wo ist sie übrigens?«

Der Arzt wies mit dem Kopf zum Tisch.

»Aber sie wurde nicht mit den Fingern festgehalten, sondern lag in seiner Hand, die Finger darum geschlossen.«

»Nachträglich hineingelegt«, sagte Japp. »Das ist sehr deutlich.« Er prüfte die Waffe. »Ein Schuß fehlt. Wir werden sie auf Fingerabdrücke untersuchen, aber ich bezweifle, ob wir welche finden, außer Ihren, Dr. Giles. Wie lange ist er schon tot?«

»Seit heute nacht. Ich kann das nicht bis auf eine Stunde genau bestimmen wie die großartigen Ärzte in den Kriminalromanen. Grob gesagt, ungefähr zwölf Stunden.«

Bis jetzt hatte Poirot sich nicht gerührt. Er stand neben mir, beobachtete Japp bei der Arbeit und lauschte den Fragen und Antworten. Nur ab und zu schnupperte er vorsichtig in der Luft, als sei er über etwas erstaunt. Ich hatte auch geschnuppert, roch aber nichts Interessantes. Die Luft war frisch und ohne Geruch. Und doch schnupperte Poirot von Zeit zu Zeit wieder verdächtig, als habe seine feine Nase etwas entdeckt, das der meinen nicht aufgefallen war.

Dann, als Japp von dem Toten zurücktrat, kniete Poirot sich neben ihm nieder. Die Verletzung interessierte ihn nicht. Zuerst dachte ich, er untersuche die Finger der Hand, mit der Protheroe die Pistole gehalten hatte, doch dann merkte ich, daß es das Taschentuch im Ärmelaufschlag war. Protheroe trug einen dunkelgrauen Straßenanzug. Schließlich erhob sich Poirot von den Knien, aber seine Augen glitten immer wieder zum Taschentuch zurück, als sei er über etwas erstaunt.

Japp rief Poirot und bat ihn, ihm zu helfen, die Tür aufzurichten. Ich ergriff die Gelegenheit, um mich neben den Toten zu knien. Ich zog das Taschentuch aus dem Ärmel und untersuchte es genau. Es war ein ganz gewöhnliches Taschentuch aus weißem Batist ohne Wäschezeichen oder irgendwelche Flecken. Ich steckte es wieder zurück, schüttelte den Kopf und gab mich geschlagen.

Die andern hatten die Tür aufgerichtet und suchten den Schlüssel. Sie suchten vergeblich.

»Damit ist alles klar«, sagte Japp. »Das Fenster ist geschlossen und verriegelt. Der Mörder verschwand durch die Tür, schloß ab und nahm den Schlüssel mit. Er dachte, das würde genügen und man würde glauben, Protheroe habe sich eingeschlossen und erschossen. Er hoffte, daß das Fehlen des Schlüssels nicht bemerkt würde. Sind Sie einverstanden, Poirot?«

»Ja, schon, aber es wäre einfacher und klüger gewesen, den Schlüssel unter der Tür durchzuschieben. Dann hätte es ausgesehen, als sei er aus dem Schloß gefallen.«

»Ah, gut, doch Sie können nicht erwarten, daß alle so kluge Einfälle haben wie Sie. Sie wären ein richtiger Polizistenschreck geworden, wenn Sie sich für die Verbrecherlaufbahn entschieden hätten. Noch irgendwelche Fragen, Monsieur Poirot?«

Mir schien, Poirot sei irgendwie unsicher. Er sah sich im Zimmer um und bemerkte freundlich und fast entschuldigend: »Er rauchte viel, dieser Monsieur.«

Das stimmte. Der Kaminrost war voller Zigarettenstummel, ebenso ein Aschenbecher auf einem kleinen Tisch neben dem großen Sessel.

»Heute nacht muß er etwa zwanzig Zigaretten geraucht haben«, bemerkte Japp. Er untersuchte vorsichtig den Kaminrost und wandte seine Aufmerksamkeit dann dem Aschenbecher zu.

»Alles dieselbe Marke, vom selben Mann geraucht. Nichts von Bedeutung, Monsieur Poirot.«

»Hatte ich auch nicht angenommen«, murmelte mein Freund.

»Ha!« rief Japp. »Und was ist das?« Er wies auf etwas Helles, Glitzerndes auf dem Boden in der Nähe des Toten. »Ein kaputter Manschettenknopf. Ich frage mich, wem er gehört. Dr. Giles, ich wäre Ihnen dankbar, wenn Sie hinuntergingen und die Haushälterin heraufschickten.«

»Was ist mit den Parkers? Der Mann möchte unbedingt weg. Er behauptet, dringende Geschäfte in London zu haben.«

»Schon möglich. Die werden ohne ihn stattfinden müssen. Wie die Dinge liegen, sollen sie sich auf Dringenderes gefaßt machen. Schicken Sie mir die Haushälterin, und lassen Sie die Parkers auf keinen Fall entwischen. Kam heute vormittag jemand vom Haus hier herein?«

Der Arzt überlegte.

»Nein, sie standen draußen im Korridor, als Pollard und ich hereinkamen!«

»Ganz bestimmt?«

»Absolut sicher.«

»Der Arzt verschwand, um seinen Auftrag auszuführen. »Ein guter Mann, das«, sagte Japp anerkennend. »Manche Landärzte sind erstklassig. Ich frage mich, wer diesen Burschen erschoß. Es sieht aus, als sei es einer von den dreien hier im Haus gewesen. Die Haushälterin verdächtige ich eigentlich nicht. Sie hätte acht Jahre Zeit gehabt, ihn zu erschießen, wenn sie das gewollt hätte. Wer sind wohl diese Parkers? Sie wirken nicht sympathisch.«

In diesem Augenblick erschien Miss Clegg. Sie war eine hagere Frau mit ordentlichem, in der Mitte gescheiteltem grauem Haar; sehr gesetzt und ruhig in den Bewegungen. Trotzdem strahlte sie Tüchtigkeit aus, die Respekt heischte. Auf Japps Fragen erklärte sie, daß sie für den Toten vierzehn Jahre gearbeitet habe. Er war großzügig und rücksichtsvoll gewesen. Mr. und Mrs. Parker hatte sie vor drei Tagen zum erstenmal gesehen, als sie unangekündigt erschienen waren und dann blieben. Sie war der Meinung, daß sie sich selbst eingeladen hatten – der Herr war bestimmt nicht erfreut gewesen, sie zu sehen. Der Manschettenknopf, den Japp ihr zeigte, hatte nicht Mr. Protheroe gehört – dessen war sie sich sicher. Wegen der Pistole befragt, sagte sie, sie glaube, der Herr habe eine solche Waffe besessen. Er hielt sie unter Verschluß. Sie hatte sie vor Jahren einmal gesehen, konnte aber nicht sagen, ob es dieselbe war. Sie hatte vergangene Nacht keinen Schuß gehört, aber das war nicht erstaunlich, da es ein weitläufiges Haus war und ihre Zimmer und die, die sie für die Parkers hergerichtet hatte, in einem anderen Teil lagen. Sie wußte nicht, um welche Zeit Mr. Protheroe zu Bett gegangen war – er war noch auf, als sie sich um halb zehn zurückzog. Es war nicht seine Gewohnheit, sofort zu Bett zu gehen, wenn er auf sein Zimmer ging. Meistens saß er die halbe Nacht da, las und rauchte. Er war ein starker Raucher.

Dann stellte Poirot eine Frage:

»Schlief Mr. Protheroe in der Regel mit offenem oder geschlossenem Fenster?«

Miss Clegg überlegte.

»Für gewöhnlich war es offen, jedenfalls der obere Teil.«

»Doch jetzt ist es geschlossen. Können Sie sich das erklären?

»Nein, außer, daß ihm kalt wurde und er es schloß.«

Japp stellte noch einige Fragen und entließ sie dann. Danach befragte er die Parkers, getrennt. Mrs. Parker neigte zu Hysterie und Furcht; Mr. Parker wurde laut und schimpfte. Er leugnete, daß der Manschettenknopf ihm gehörte, aber da seine Frau ihn vorher erkannt hatte, verbesserte dies seine Lage nicht, und da er auch leugnete, jemals in Protheroes Zimmer gewesen zu sein, fand Inspektor Japp, er habe jetzt genügend Beweise für einen Haftbefehl.

Japp übertrug Pollard die Verantwortung, stürmte zurück in den Ort und rief im Präsidium an. Poirot und ich spazierten zum Gasthof zurück.

»Sie sind ungewöhnlich ruhig«, bemerkte ich. »Interessiert Sie der Fall nicht?«

*»Au contraire,* er interessiert mich enorm! Aber er verwirrt mich auch.«

»Das Motiv ist unklar«, sagte ich nachdenklich. »Aber ich bin sicher, daß Parker keine reine Weste hat. Seine Schuld scheint ziemlich eindeutig festzustehen, wenn auch aus unklaren Motiven, doch die können ja noch zum Vorschein kommen.«

»Ist Ihnen nichts Besonderes aufgefallen, obwohl Japp es übersehen hat?«

Ich sah ihn neugierig an.

»Welchen Trumpf haben Sie noch im Ärmel, Poirot?«

»Was hatte der Tote in seinem Ärmel?«

»Oh, das Taschentuch! Ein Seemann trägt sein Taschentuch im Ärmel«, antwortete ich nachdenklich.

»Sehr gut beobachtet, Hastings, doch das meinte ich nicht.«

»Was noch?«

»Immer und immer wieder muß ich an den Zigarettengeruch denken.«

»Mir ist keiner aufgefallen!« rief ich erstaunt.

»Mir auch nicht, *cher ami.*«

Ich sah ihn mißtrauisch an. Es ist schwierig zu erkennen, wann Poirot einem ein Bein stellt, aber er schien es völlig ernst zu meinen und sich selbst zu wundern.

Die gerichtliche Voruntersuchung fand zwei Tage später statt. In der Zwischenzeit war ein anderer Beweis zum Vorschein gekommen. Ein Landstreicher hatte gestanden, über die Mauer in den Garten von »Leigh House« geklettert zu sein, wo er oft in einem Schuppen Unterschlupf suchte, der nicht verschlossen war. Er sagte aus, daß er um zwölf Uhr gehört habe, wie zwei Männer sich in einem Zimmer im ersten Stock stritten. Der eine verlangte Geld, der andere lehnte wütend ab. Hinter einem Busch versteckt, hatte er die beiden Männer am erleuchteten Fenster hin und her gehen gesehen. Den einen kannte er gut – Protheroe, den Mieter des Hauses. Den anderen identifizierte er eindeutig als Parker.

Nun war klar, daß die Parkers nach »Leigh House« gekommen waren, um Protheroe zu erpressen, und als sich später herausstellte, daß der richtige Name des Toten Wendover war und er 1910 als Marineleutnant mit der Sprengung des Kreuzers »Merrythought« zu tun gehabt hatte, schien sich der Fall schnell zu klären. Es wurde angenommen, daß Parker als Mitwisser von Wendovers Rolle bei dieser Angelegenheit ihn ausfindig gemacht und erpreßt hatte und daß dieser es ablehnte zu zahlen. – Im Verlauf des Streits zog Wendover seine Pistole, Parker entriß sie ihm, erschoß ihn und versuchte dann, es wie Selbstmord aussehen zu lassen.

Parker sollte vor Gericht gestellt werden, sein Verteidiger stand noch nicht fest. Wir hatten der Voruntersuchung beigewohnt. Im Hinausgehen nickte Poirot.

»So muß es gewesen sein«, murmelte er. »Ja, so muß es gewesen sein! Ich werde nicht mehr länger warten.«

Er ging ins Postamt und schrieb eine Nachricht, die er als Eilboten aufgab. Ich sah nicht, an wen sie adressiert war. Dann kehrten wir in den Gasthof zurück, wo wir an dem denkwürdigen Wochenende gewohnt hatten.

Poirot lief unruhig vor dem Fenster auf und ab.

»Ich erwarte Besuch«, erklärte er. »Es ist doch unmöglich – es ist doch unmöglich, daß ich mich täusche! Nein, da ist sie ja.«

Zu meiner großen Überraschung kam Miss Clegg herein. Sie war weniger gelassen als sonst und atmete heftig, als sei sie gerannt. Ich entdeckte Furcht in ihren Augen, als sie Poirot ansah:

»Setzen Sie sich, Mademoiselle«, sagte er freundlich. »Ich habe richtig geraten, nicht wahr?«

Statt einer Antwort brach sie in Tränen aus.

»Warum haben Sie es getan?« fragte Poirot freundlich» »Warum?«

»Ich liebte ihn so«, antwortete sie. »Ich war sein Kindermädchen, als er noch ein kleiner Junge war. Oh, haben Sie Mitleid mit mir!«

»Ich werde tun, was ich kann. Aber Sie müssen verstehen – ich kann nicht zulassen, daß ein unschuldiger Mensch gehängt wird – selbst wenn er ein übler Bursche ist.«

Sie richtete sich auf und sagte leise: »Vielleicht hätte ich schließlich auch so gedacht. Tun Sie, was Sie tun müssen.«

Dann stand sie auf und stürzte hinaus.

»Hat sie ihn erschossen?« fragte ich äußerst verwirrt. Poirot lächelte und schüttelte den Kopf.

»Er erschoß sich selbst. Erinnern Sie sich, daß sein Taschentuch im rechten Ärmel steckte? In meinen Augen ein Beweis, daß er Linkshänder ist. Nach seinem heftigen Streit mit Parker fürchtete er die Blamage und erschoß sich. Am Morgen kam Miss Clegg, um ihn wie üblich zu wecken, und fand ihn tot daliegen. Wie sie uns eben erzählte, kennt sie ihn seit seiner Kindheit und war wütend auf die Parkers, die ihn in diesen schändlichen Tod getrieben hatten. Sie betrachtete sie als Mörder und sah dann plötzlich eine Chance, sie für die Tat büßen zu lassen, an der sie schuld waren. Sie allein wußte, daß er Linkshänder war. Sie schob die Pistole in seine rechte Hand, schloß das Fenster, legte den Manschettenknopf hin, den sie in einem der unteren Zimmer gefunden hatte, ging hinaus, schloß die Tür ab und nahm den Schlüssel mit.«

»Poirot«, rief ich in einem Anfall von Begeisterung. »Sie sind großartig! Und das alles nur wegen eines Taschentuchs!«

»Und wegen des Zigarettenrauchs. Wenn das Fenster geschlossen gewesen wäre, während die vielen Zigaretten geraucht wurden, hätte die Luft voll altem Rauch sein müssen. Sie roch aber frisch, daher folgerte ich, daß das Fenster die ganze Nacht offen gewesen war und erst am Morgen geschlossen wurde, was mich auf eine sehr interessante Spur brachte. Ich konnte mir keinen Grund vorstellen, weshalb der Mörder das Fenster lieber geschlossen haben wollte. Es mußte zu seinem Vorteil sein, wenn es offenstand und man glaubte, er sei auf diese Weise geflüchtet, falls die Selbstmordversion nicht überzeugte. Dann hat die

Aussage des Landstreichers meinen Verdacht bestätigt. Er hätte das Gespräch niemals mit anhören können, wenn das Fenster geschlossen gewesen wäre.«

»Fabelhaft!« sagte ich mit Überzeugung. »Wie wäre es jetzt mit einer Tasse Tee?«

»Gesprochen wie ein wahrer Engländer«, antwortete Poirot und seufzte. »Vermutlich besteht keine Aussicht, ein Glas Sirup zu bekommen?«

## Sabine Deitmer
## Sein letztes Diktat

Diesmal stirbt Herr Schneider einen besonders unangenehmen Tod. Er sitzt auf der untersten Bank in der Sauna, hat die Sanduhr herumgedreht und wartet auf die Schweißtropfen. Und da brechen die ersten auch schon aus der Haut hervor, vermehren sich in Sekundenschnelle, schwellen an, bis sie platzen und sich ihren Weg an diesem ein Meter achtzig langen und neunundachtzig Kilo schweren Körper entlang bahnen, der nichts anderes mehr ist als eine glitschige, dampfende Masse Fleisch. Er ächzt und stöhnt. Der rote Sand in der Uhr ist zu drei Vierteln durchgelaufen. Er schleppt sich zur Tür. Die Tür ist geschlossen. Mit den Fäusten trommelt er gegen das Glasfenster der schweren Holztür. Nichts. Die Tür bleibt zu. Nach einer Weile ist es ruhig. Ute hört den dumpfen Aufprall seines schweren Körpers hinter der Saunatür.

Herr Schneider ist in der Sauna erstickt.

In diesem Augenblick geht die Tür zum Chefzimmer auf, und Herr Schneider steht in voller Lebensgröße im Zimmer seiner Sekretärin.

»Ich bin im Kassenraum, falls Wiedemann mich sucht.«

Verfolgt von Utes Augen, geht Schneider, der jetzt in einem maßgeschneiderten grauen Anzug steckt, zur Tür hinaus.

Draußen im Gang läßt Ute eine Bande von Rockern auf ihn los. Mit Fahrradketten in der Hand bauen sie sich vor ihm auf. Schneiders Bauch beginnt vor Angst unter der Weste zu beben.

»Na, Opi, wie ham wa's denn?« fragt der Anführer genüßlich und hält ihm einen Schlagring unters Kinn. Schneider wird kreidebleich, übergibt sich und rutscht langsam an der Wand nach unten, dicke Fladen von Erbrochenem auf Hemd und Weste.

»Watt, Opi, Angst? In der Zeitung hast du doch immer so markige Sprüche drauf, was du für uns tun willst und so. Jetzt tun wir was für dich.«

Ute stellt sich vor, wie ein Schlagring auf die Kopfhaut ihres Chefs niedersaust, ihm die Schädeldecke spaltet.

Sie blickt auf die Armbanduhr. Elf Uhr sechsundfünfzig. Vier Minuten bis zur Mittagspause. Hoffentlich kommt er schnell zurück, damit sie pünktlich in die Mittagspause gehen kann. Sie kann erst gehen, wenn er wieder da ist. Es ist ungeschriebenes Gesetz im Vorzimmer des Herrn Schneider, daß das Telefon zu keiner Tageszeit unbesetzt bleiben darf.

Aus der Schreibtischschublade holt Ute sich eine Illustrierte und ihr Butterbrot. Vorsichtig, um den Lippenstift nicht zu verschmieren, beißt sie hinein und blättert die bunten Seiten um. Ekelhaft, denkt sie und nimmt einen tüchtigen Bissen. Da sind sie ja wieder, diese Saubermänner mit den weißen Hemden. Dieses immer gleiche Grinsen um die Mundwinkel. »Jawohl, Herr Wiedemann. Selbstverständlich. Jawohl. Sie haben recht. Keine Frage, ein Fehler eines Mitarbeiters. Unerklärlich. Ich werde sofort veranlassen, daß er … Nein, Herr Wiedemann. Mich trifft keinerlei Schuld in der Angelegenheit.«

Genauso redete er. Ute steckt den letzten Bissen des Leberwurstbrots in den Mund.

Und das waren die Typen, die das Sagen hatten.

Ute hört Schritte auf dem Gang. Schnell läßt sie Illustrierte und Butterbrotpapier in der Schublade verschwinden.

»Sie können zu Tisch gehen, Fräulein Wenke.«

Ute nimmt ihre Handtasche, zieht die Lippen nach, pudert die Nase und geht an den Schrank. »Fräulein Wenke« hallt es in ihrem Kopf, als sie sich den Mantel anzieht. »Fräulein Wenke.« Sie ist achtundzwanzig. Nur weil sie nicht verheiratet ist, nennt Schneider sie »Fräulein Wenke«. Jedesmal ärgert sie sich von neuem darüber.

»Mahlzeit«, ruft sie in Richtung auf die offene Tür. »Ich bin in der Kantine.« Der Gang zur Kantine ist den Mitarbeitern der Stadtverwaltung offiziell gestattet und bedeutet eine halbe Stunde länger Mittagspause.

Zwanzig nach zwölf. Das geht ja noch. Ute ist mit ihrer Freundin Renate in einem Café am Markt verabredet. Renate kaut an einem Stück Pflaumenkuchen mit Sahne. »Er will dich loswerden«, sagt sie zur Begrüßung, noch bevor Ute den Mantel ausziehen kann. Renate arbeitet im Personalamt. »Das weiß ich positiv. Das Telefon ist heißgelaufen, als du krank warst.«

»Das sieht ihm ähnlich. Und das nur, weil ich ihn mit seinen sauberen Fingern nicht an mich ranlasse. Ist ja klar, daß da 'ne Retourkutsche kommen mußte.«

»Der treibt's schon toll. Wieviel Schreibkräfte hat der in den letzten zwei Jahren verschlissen?«

»Eins, zwei, drei, vier, fünf, sechs«, zählt Ute an ihren Fingern ab, »entweder hat er was mit ihnen angefangen und es ist ihm nach einer Weile zu heiß geworden, oder er konnte nicht landen und dann mußten sie auch gehen. Wo wollen die mich denn hinstecken?«

»Ins ... Einwohnermeldeamt.«

»O Gott, das soll er mir büßen.«

»Viel Glück, dem sollte es wirklich mal einer heimzahlen.«

»Dem und allen anderen. Guck sie dir doch an. Für sich und ihre Freunde die dicksten Pöstchen, das tollste Büro. Ganz zu schweigen von dem, was sie sich so nebenbei an Land ziehen. Und wenn einer dann trotzdem mal auffällt, decken ihn natürlich die Parteifreunde. Und gehen muß ein anderer, zwei Gehaltsstufen darunter. Wenn überhaupt.«

»Meiner geht jetzt schon während der Dienstzeit in den Puff«, kichert Renate. »Ist ja auch nicht weit. Jeden Mittwoch um zwei. Wir können die Uhr nach ihm stellen. Er flötet: ›Ich muß mal eben zum Hauptamt‹, und wir grinsen uns eins. Vom Büro aus kannst du direkt bis in die Linienstraße gucken. Da schleicht er sich hin, und eine Stunde später ist er wieder da.«

Als Ute sich an den Schreibtisch setzt, hört sie klar und deutlich die Stimme ihres Chefs durch die halboffene Tür.

»Ein Versäumnis meiner Sekretärin vermutlich.«

Welche Panne er wohl wieder auf mich abwälzt? Man sollte ihn aufspießen. Außer dem Leberwurstbrot hat Ute nichts gegessen, nur den Kaffee getrunken. Aufspießen und lebendigen Leibes rösten, daß die ganze Bosheit aus ihm heraustropfen kann. Durch die halboffene Tür tritt Ute zu ihm ins Zimmer und sieht, wie er den Telefonhörer auflegt.

»Haben Sie gerufen?«

Schneider blickt sie über den schweren Rand seiner schwarzen Brille an.

»Nein, wie kommen Sie darauf?«

Von der Tür aus kann Ute erkennen, daß vor ihm auf dem Schreibtisch offen der Kalender einer Autofirma mit den bunten Fotos nackter Pin-up-Girls liegt. Den hat sie bisher noch nicht bei ihm gesehen. Jemand, der ihren Chef gut kannte, mußte etwas von ihm gewollt haben.

Wieder an ihrem Schreibtisch, feilt Ute versonnen an ihren Nägeln, die beim Tippen gelitten haben. Sie überlegt, wie sie sich an Herrn Schneider rächen kann.

Am nächsten Morgen wählt Ute ihre Kleidung besonders sorgfältig aus. Ein giftgrünes T-Shirt, ein enger Rock im Stil der Fünfzigerjahre, ein schwarzer Lackgürtel zur Betonung der Taille. Zufrieden betrachtet sich Ute im Spiegel. Das wird reichen.

Als Schneider gegen acht Uhr zur Tür hereinkommt, macht sich Ute am untersten Regal des Rollschranks zu schaffen. Ihre Beine sind gestreckt, und ihr Hinterteil ragt in die Bürolandschaft wie die Popos der Pin-up-Girls auf Schneiders Kalender.

»Guten Mor...« Vor Staunen bleibt ihm die Sprache weg. An diesem Vormittag ruft Herr Schneider Ute mehrmals zu sich zum Diktat. Sein Blick klebt an den Spitzen ihres Busens, dem Ute mit einer Wattefüllung etwas mehr Kontur verliehen hat. Nach der Mittagspause lädt Herr Schneider sie in sein Büro zum Kaffee ein. Es gibt Quarktörtchen. So etwas hat es nur die ersten Tage nach ihrem Dienstantritt gegeben. Danach nie mehr.

»Fräulein Wenke«, sagt er, sobald sie schräg gegenüber von ihm Platz genommen hat. »Fräulein Wenke«, wiederholt er und sieht dabei nicht auf sie, sondern auf die Spitzen ihres Busens, »Sie wissen gar nicht, was für eine gutaussehende Frau Sie sind.«

Er nimmt seine Brille ab, legt sie neben den Teller mit dem Quarkteilchen, das er nicht angerührt hat, und reckt ihr seinen Hals über die Kaffeetasse entgegen.

»Fräulein Wenke, was sag ich, Ute, ich bin verrückt nach Ihnen.«

»Siegfried, ich habe Sie während der letzten Monate schätzen- und achten gelernt.«

Das nimmt Siegfried Schneider als Aufforderung, ihr einen nassen Kuß auf den Teil der Schulter zu geben, den das T-Shirt freigibt. Um nicht auf das braune Mal im Nacken ihres Chefs zu blicken, aus dessen Mitte sich ein widerborstiges Haar über den Ansatz seines weißen Hemdkragens reckt, sieht Ute auf den Kalender über seinem Schreibtisch. Mittwoch, der achte Oktober. Bis Ende des Monats mußte etwas passieren.

Ute braucht keine Stullen mehr fürs Büro zu schmieren. Schneider verwöhnt sie täglich mit neuen Leckereien: Cremetörtchen, Obstschnitten mit Sahne, Linzertorte, Apfelstrudel, Köstlichkeiten, die die umliegenden Bäckereien, Cafés und Konditoreien anzubieten haben. Nachts träumt Ute von Sauerkraut und Salzheringen.

Siegfried Schneider ißt kaum etwas. Mit großen hungrigen Augen folgt er der Kuchengabel, die in Utes roten Mund fährt. Als er sie bittet, gemeinsam mit ihm Überstunden zu machen, willigt Ute ein. Entgegen seinen sonstigen Gepflogenheiten will er die nächste Ausstellung höchstpersönlich zusammenstellen und gestalten. Mit ihrer Hilfe. Siegfried Schneider ist in einer Position, in der sich die dienstlichen Belange mit den privaten auf das erfreulichste verknüpfen lassen. Die Überstunden sind vom Hauptamt genehmigt.

Nachmittags, Punkt 16 Uhr, ist das Amt wie leer gefegt. Die Eingangstür ist hinter dem letzten Mitarbeiter ins Schloß gefallen, die Büros sind verlassen, die Korridore leer. Nur das sanfte Brummen der Bohnergeräte dringt von unten aus der Kassenhalle in die Chefetage.

Siegfried Schneider hängt ein Schild an die Türklinke: »Arbeitssitzung. Bitte nicht stören.« Für alle Fälle.

Auf dem Konferenztisch in Schneiders Büro stapeln sich Dutzende von Fotografien, die die Spitzen der Stadt beim

Einweihen neuer Schulen, Schwimmbäder, Straßen und ähnlichem zeigen. Das Motto der Ausstellung lautet: »Wie wir wurden, was wir sind. Aus Schutt und Asche zu Wohlstand und sozialer Gerechtigkeit.« Vor der nächsten Kommunalwahl, die schon in sechs Wochen ins Haus steht, ist es den Parteifreunden von Siegfried Schneider ein Anliegen, die Erfolge ihrer Regierung ins rechte Licht zu rücken. Entsprechend großzügig haben sie geeignetes Fotomaterial zur Verfügung gestellt. Diese Berge von Fotos gilt es in eine zeitliche Reihenfolge zu bringen und aus den Fotos eines Jahrgangs die Auswahl zu treffen.

»Ute«, unterbricht Siegfried Schneider sie alle fünf Minuten beim Sortieren. »Kennst du den hier? Den mußt du doch kennen!«

Ute lernt alle Ratsmitglieder und Ausschußvorsitzenden der letzten dreißig Jahre kennen. Siegfried Schneider lernt die Geschicklichkeit kennen, mit der sich Ute seinen Zugriffen entzieht.

»Du verdammte kleine Katze. Wart nur, dich krieg ich noch.«

An der Schreibmaschine entkommt sie ihm nicht. Wenn sie die Begleittexte für die Ausstellung tippt, steht er hinter ihr und streichelt ihren Nacken.

»Siegfried, die Putzfrauen.« Das hilft für eine Weile.

Nachdem die Rahmen gefüllt sind, geht es ans Aufhängen in der Kassenhalle.

Schneider hat es am liebsten, wenn Ute auf die Leiter steigt und er die Bilder mit den dünnen Nylonseilen anreicht. Während sie die Seile in den dafür vorgesehenen Haken einhängt, fährt er ihr mit dem Blick die Beine hoch.

»Chef arbeiten. So spät«, ungläubig schütteln die jugoslawischen Putzfrauen den Kopf.

Ute macht gemeinsam mit den Putzfrauen Feierabend. Sie hat ihm etwas von einer kranken Mutter vorgeflunkert. »Aber Freitag wird gefeiert, vergiß das nicht«, ruft er ihr nach, ehe sie mit den Putzfrauen durch die Eingangstür ins Freie eilt.

Und dann ist es soweit. Der Freitag vor der Ausstellungseröffnung. Der Freitag, an dem die Ausstellung hängt. Siegfried Schneider und Ute können stolz auf ihre Arbeit sein. Es liegt in der Luft, daß er an diesem Abend gewisse Ansprüche stellt.

Auf dem Konferenztisch im Büro des Herrn Schneider liegt eine weiße Tischdecke. Das Licht von zwei brennenden Kerzen bricht sich im Glas der Sektschalen. Schneider läßt den Korken knallen und gießt ein. Ute trinkt den Sekt und schließt die Augen. Sie will diese nackten Augen mit den geröteten Augendeckeln nicht sehen. An ihrem Ohr spürt sie ein Paar gierige Lippen. Schneider öffnet die zweite Flasche. Er scheint es darauf angelegt zu haben, sie betrunken zu machen. Ute entwindet sich ihm. Sie geht zur Toilette. Von dem Büro in der ersten Etage führt eine breite Freitreppe in die Eingangshalle hinunter. Es ist dunkel. Utes Augen gewöhnen sich nach und nach an die Dunkelheit.

In der Halle brennt die Notbeleuchtung. Alles ist gespenstisch leer. Als Ute von der Toilette zurückkehrt, muß sie aufpassen, in der gebohnerten Halle nicht das Gleichgewicht zu verlieren. Die halbe Flasche Sekt macht sich bemerkbar. Sie hält sich am Geländer fest, steigt Stufe für Stufe nach oben. Am Ende der Treppe verharrt sie ein paar Minuten, ehe sie weitergeht.

In ihrer Abwesenheit hat Schneider ein weiteres Mal die Gläser voll geschenkt. »Auf euch Weiber«, begrüßt er sie mit schwerer Zunge und hält ihr ein volles Glas entgegen.

Er grapscht ihre Schulter und zieht sie an sich. Die Hälfte des Sekts landet auf seiner Weste. Er hat die Jacke ausgezogen, während sie auf der Toilette war. »Du machst mich ganz wild, seit Tagen schon machst du mich ganz wild«, flüstert er in ihr Ohr. Er leert das Glas in einem Zug, stellt es auf den Tisch und krempelt sich die Ärmel seines Hemdes hoch. Mit geöffneten Augen steuert er auf sie zu. Sie schließt die Augen, streichelt ihm leicht über den Rücken und spürt, wie er sich am Verschluß ihres Rocks zu schaffen macht. »Ute«, stöhnt er. Sie stößt ihn von sich, beginnt sich auszuziehen. Lautlos fallen die Kleidungsstücke auf den Boden, bis sie nur noch mit einer Unterhose, Strumpfgürtel und Strümpfen bekleidet ist. Bevor er sich von seinem Staunen erholt, legt sie ihre Arme um seinen Hals und schmiegt sich an ihn.

»Du auch. Zieh dich aus. Jetzt gleich. Ich warte unten auf dich.«

Sie läßt ihn los, geht zur Tür und tritt in den dunklen Flur hinaus. Vorsichtig steigt sie die Treppenstufen nach unten. In der Halle ist es totenstill und dunkel bis auf das rote Licht der Notbeleuchtung. Ihr ist kalt. Am Fuß der Treppe bleibt sie stehen und wartet. Sie braucht nicht lange zu warten. Ein lautes Poltern, und Ute sieht im fahlen Schein der Notbeleuchtung den nackten Körper ihres Chefs die Treppe bis zum Absatz auf der Mitte hinunterpoltern. Immer wieder poltert der nackte Körper die Treppe hinunter, Stufe für Stufe. In Utes Kopf ist nichts als das Poltern und der Ekel vor Sahnetörtchen. Dann ist es vorbei.

Ruhig und seltsam gekrümmt liegt der Körper von Schneider auf dem Treppenabsatz. Als Ute über ihn wegsteigt, sieht sie, daß sein Rücken mit dicken Flecken von pelzigem Haar übersät ist und daß er völlig nackt ist.

Sie geht in sein Büro, sammelt ihre Kleidungsstücke vom

Teppichboden auf und zieht sich an. Dann rückt sie die Bürostühle wieder an ihren Platz, spült die Sektgläser und stellt sie zurück inden Schrank. Die drei leeren Sektflaschen, die Tischdecke und die Kerzenständer mit abgebrannten Kerzen legt sie in eine Plastiktüte. Neben den Papierkorb ihres Chefs stellt sie eine Flasche Klaren, die zu drei Vierteln geleert ist. Prüfend gleitet ihr Blick ein letztes Mal über die Möbelstücke des Chefbüros. Nichts deutet mehr darauf hin, daß hier eine intime Feier stattgefunden hat. Sie zieht ihren Mantel an, greift Handtasche und Plastiktüte und schließt die Tür ihres Büros.

Im halbdunklen Flur, dort, wo die Treppe beginnt, hält sie kurz an. Sie stellt die Taschen ab, kniet nieder und zerschneidet mit ihrer Nagelschere, die sie in der Manteltasche bereitgehalten hat, das dünne Nylonseil, das in Kniehöhe von einer Metallstrebe des Geländers zur anderen gespannt ist. Anschließend zerschneidet sie an jeder Seite die dicken Knoten, mit denen das Seil festgespannt war. Sorgfältig sammelt sie die Plastikschnipsel vom Boden auf und wirft die Reste in die Tüte zu den leeren Sektflaschen. Als letztes greift sie die Rolle mit den Nylonfäden, die ganz am Ende der ersten Treppenstufe liegt.

Vorsichtig steigt sie über den nackten Körper hinweg, der noch genauso merkwürdig verdreht daliegt wie vorher.

An den darauffolgenden Tagen sucht Ute in den Tageszeitungen vergeblich nach einer einschlägigen Schlagzeile wie »Skandal in der Stadtverwaltung« oder »Nackter Amtsleiter tot aufgefunden«. Alles, was sie findet, ist eine unscheinbare, kleine Anzeige im hinteren Teil der Zeitung: »Plötzlich und unerwartet für uns alle verschied unser geliebter Ehemann, Bruder, Vater, Großvater. Die Beisetzung erfolgt im engsten Familienkreis.«

Zwei Wochen arbeitet Ute ohne Chef. Was es zu regeln gibt, regelt sie. Was es zu entscheiden gibt, entscheidet sie in direkter Absprache mit dem Oberstadtdirektor. So macht die Arbeit Spaß.

Dann kommt der Neue. Der aus dem Presseamt. Der, der die Angelegenheit so diskret gemanagt hat, daß nichts an die Öffentlichkeit gedrungen ist.

Ute versetzt es einen Schlag in die Magengrube. Dieser graue Anzug mit dem makellos weißen Hemd, dieser abschätzende Blick, der über ihre Figur gleitet, dieses Lächeln in den Mundwinkeln.

»Fräulein Wenke«, sagt der Neue mit Blick auf ihre Taille. »Ich bin sicher, daß wir uns ausgezeichnet verstehen werden.«

## Patricia Highsmith
## Die Hure mit staatlicher Genehmigung oder Die Ehefrau

Sarah hatte sich schon immer als Amateurin auf dem Gebiet betätigt, und mit zwanzig heiratete sie, was ihr eine Urkunde einbrachte. Zur Krönung fand die Trauung in einer Kirche statt, im Beisein der Familie, der Freunde und Nachbarn und vielleicht sogar im Beisein Gottes, denn eingeladen war er zweifellos. Sie war ganz in Weiß, obwohl man sie kaum als Jungfrau bezeichnen konnte, denn sie war im zweiten Monat schwanger und nicht etwa von dem Mann, den sie heiratete und der Sylvester hieß. Jetzt konnte sie ihrem Gewerbe professionell nachgehen, unter dem Schutz des Gesetzes, mit Billigung der Gesellschaft, mit dem Segen der Kirche und mit der finanziellen Absicherung, die ihr Ehemann garantierte.

Sarah verlor keine Zeit. Zuerst war es der Gasmann, um in Schwung zu kommen, dann der Fensterputzer, dessen Arbeitszeit stark variierte, je nachdem, wie schmutzig die Fenster ihren Worten zufolge gewesen waren. Manchmal mußte Sylvester den Fensterputzer sogar für acht Stunden Arbeit sowie Überstunden bezahlen. Manchmal war der Fensterputzer da, wenn Sylvester zur Arbeit ging, und noch immer da, wenn er abends nach Hause kam. Doch das war Kleinkram, und Sarah machte sich als nächstes an den Anwalt heran, was den Vorteil hatte, daß dieser für seine Dienste für die mittlerweile dreiköpfige Familie Sylvester Dillons keine Gebühren in Rechnung stellte.

Sylvester war stolz auf den kleinen Edmund und errötete vor Freude, wenn Freunde die Ähnlichkeit zwischen Vater und Sohn bemerkten. Die Freunde logen nicht, sondern sagten nur das, was ihrer Ansicht nach von ihnen erwartet wurde und was sie zu jedem Vater gesagt hätten. Nach Edmunds Geburt stellte Sarah die sexuellen Beziehungen zu Sylvester ein (die spärlich genug gewesen waren) und sagte: »Ein Kind genügt, findest du nicht auch?« Sie sagte auch: »Ich bin müde« oder: »Es ist zu heiß.« Sie hatte den armen Sylvester nur des Geldes wegen geheiratet – er war nicht reich, aber wohlhabend –, weil er halbwegs intelligent, gut aussehend war und nicht dominant genug, um ihr auf die Nerven zu fallen, und – nun ja, mehr war in Sarahs Augen eigentlich nicht erforderlich. Sie hatte die vage Vorstellung, daß sie einen Beschützer und Begleiter benötigte. Und irgendwie fand sie es reputierlicher, ihre Briefe mit »Mrs.« zu unterzeichnen.

Drei oder vier Jahre lang vertrieb sie sich die Zeit mit dem Anwalt, dann mit dem Hausarzt, dann mit zwei abenteuerlustigen Ehemännern aus ihrem Bekanntenkreis, hie und da zwei Wochen mit Edmunds Vater nicht mitgerechnet. Die Liebhaber erschienen in der Regel montags bis freitags am Nachmittag. Sarah war ausgesprochen vorsichtig; die Hausfront lag im Blickfeld mehrerer Nachbarn, und deshalb verlangte sie, daß die Liebhaber anriefen, wenn sie bereits in der Nähe waren, damit sie ihnen sagen konnte, ob die Luft rein war und sie ungesehen ins Haus schlüpfen konnten. Die sicherste Zeit war halb zwei Uhr nachmittags, weil die meisten um diese Zeit am Mittagstisch saßen. Schließlich ging es um Sarahs Lebensunterhalt, und Sylvester wurde allmählich nervös, wenn auch noch nicht mißtrauisch.

Im vierten Ehejahr machte Sylvester ein wenig Schwierigkeiten. Seine eigenen Avancen gegenüber seiner Sekretärin und gegenüber der Verkäuferin in seinem Bürobedarfsgeschäft waren sanft, aber entschieden zurückgewiesen worden, und um seine Selbstachtung war es düster bestellt.

»Können wir es nicht noch einmal versuchen?« wollte Sylvester immer wieder wissen.

Sarah parierte mit einer Gegenattacke wie ein Dutzend Bataillone, deren Gewehre seit Jahren auf diesen Moment vorbereitet waren. Man hätte meinen können, das Unrecht sei *ihr* widerfahren. »Habe ich dir kein hübsches Zuhause bereitet? Bin ich keine gute Gastgeberin – die *beste,* wenn man unseren Freunden glauben will, oder etwa nicht? Habe ich Edmund je vernachlässigt? Bist du jemals nach Hause gekommen, ohne daß eine warme Mahlzeit auf dich gewartet hätte?«

Ich wünschte, du würdest die warme Mahlzeit sein lassen und ab und zu an etwas anderes denken, hätte Sylvester am liebsten gesagt, aber er war zu wohlerzogen, um es laut auszusprechen.

»Außerdem habe ich Geschmack«, fügte Sarah als letzte Salve hinzu. »Unsere Möbel sind nicht nur qualitätsvoll, sondern auch gepflegt. Ich weiß nicht, was du noch von mir verlangen könntest.«

Die Möbel waren so perfekt poliert, daß das Haus wie ein Museum wirkte. Oft wagte Sylvester noch nicht einmal, einen Aschenbecher zu benutzen. Er hätte lieber etwas mehr Unordnung und ein bißchen mehr Wärme gehabt. Wie sollte er so etwas sagen?

»Komm jetzt und iß«, sagte Sarah liebevoller und streckte die Hand aus – ein unerwarteter Körperkontakt, wie Sylvester ihn seit Jahren nicht mehr erlebt hatte. Ein Gedanke war ihr soeben gekommen, ein Plan.

Sylvester ergriff ihre Hand freudig und lächelte. Er ließ

sich von ihr so viel Essen aufnötigen, wie sie wollte. Das Abendessen war außergewöhnlich gut, denn Sarah war eine hervorragende und gewissenhafte Köchin. Sylvester erhoffte sich ein Happy-End für diesen Abend, aber in dieser Hoffnung wurde er enttäuscht.

Sarahs Gedanke war der, Sylvester mit gutem Essen umzubringen, mit Zuneigung, wenn man so will, mit *Fürsorge*. Sie würde immer aufwendigere Mahlzeiten zubereiten. Sylvester hatte bereits einen Bauch angesetzt, und der Arzt hatte ihn vor den Folgen zu üppigen Essens, zu geringer Bewegung und so weiter gewarnt, aber Sarah kannte sich mit Diäten gut genug aus, um zu wissen, daß den Ausschlag gab, was man aß, und nicht, wieviel Bewegung man hatte. Und Sylvester aß für sein Leben gern. Die Bühne war vorbereitet, dachte sie sich, und was hatte sie schon zu verlieren?

Sie begann schwerere Fette zu verwenden, Gänseschmalz, Olivenöl, Makkaroni mit Käse zuzubereiten, die Butter dicker auf die Sandwiches zu streichen, Sylvester das Milchtrinken als Kalziumkur gegen den Haarausfall anzupreisen. In drei Monaten nahm er zwanzig Pfund zu. Sein Schneider mußte seine sämtlichen Anzüge ändern und ihm dann neue schneidern.

»Tennis, Liebling«, sagte Sarah besorgt. »Du brauchst ein bißchen Bewegung.« Sie hoffte auf einen Herzinfarkt. Inzwischen wog er mehr als zwei Zentner, und dabei war er kein Riese. Bei der geringsten körperlichen Anstrengung geriet er in Atemnot.

Tennis bewirkte nichts. Sylvester war klug genug oder schwerfällig genug, einfach auf dem Tennisplatz stehenzubleiben und zu warten, daß der Ball zu ihm kam, und wenn der nicht kam, dann eben nicht. Eines warmen Samstags, als Sarah ihn wie gewohnt zum Tennisplatz begleitet hatte, tat sie deshalb so, als würde sie ohnmächtig. Sie murmelte, sie wolle zum Wagen und nach Hause gebracht werden. Sylvester mühte sich keuchend mit ihr ab, denn Sarah war ebenfalls kein Fliegengewicht. Sarahs Pläne wurden von zwei Burschen durchkreuzt, die vom Clubgebäude her zu Hilfe eilten und Sarah im Handumdrehen in den Jaguar verfrachteten.

Sobald sie zu Hause waren und die Haustür hinter sich geschlossen hatten, fiel Sarah wieder in Ohnmacht und murmelte mit hysterischer, ersterbender Stimme, sie müsse nach oben ins Bett gebracht werden – ihr großes Ehebett, zwei Stockwerke höher. Sylvester hievte sie hoch und dachte sich, daß es wohl keinen romantischen Anblick biete, wie er sich Stufe um Stufe hinaufschleppte, keuchend und stolpernd unter dem Gewicht seiner Liebsten, die er ins Bett schaffte. Schließlich mußte er sich Sarah auf eine Schulter laden, und als er den Treppenabsatz erreichte, fiel er trotzdem aufs Gesicht. Laut nach Luft ringend, wälzte er sich unter ihrem schlaffen Körper hervor und machte einen neuen Versuch, indem er sie diesmal einfach über den Teppichboden des Flurs ins Schlafzimmer zerrte. Er war versucht, sie dort liegen zu lassen, bis er Luft geholt hatte (sie rührte sich nicht), doch er konnte sich lebhaft vorstellen, was los wäre, wenn sie in den nächsten Sekunden aufwachte und sich auf dem Boden wiederfände.

Sylvester machte sich wieder an die Arbeit, mit aller Willenskraft, denn Körperkräfte waren ihm keine geblieben. Seine Beine schmerzten, sein Rücken brachte ihn fast um, und mit Staunen registrierte er, daß er seine Last (an die neunzig Kilo) auf das Bett gehievt bekam. »Uff!« sagte Sylvester und taumelte rückwärts, um sich in einen Sessel sinken zu lassen, doch der Sessel hatte Rollen und wich zurück, so daß Sylvester mit einem das ganze Haus erschütternden Krachen auf dem Fußboden landete. Ein schrecklicher Schmerz fuhr ihm in die Brust. In seiner Qual preßte er eine Faust an die Brust und bleckte die Zähne.

Sarah spähte zu ihm hin. Sie lag auf dem Bett. Sie unternahm nichts. Sie wartete geduldig. Fast wäre sie eingeschlafen. Sylvester stöhnte und rief um Hilfe. Was für ein Glück, dachte Sarah, daß Edmund an diesem Nachmittag beim Babysitter untergebracht war und nicht der Babysitter hier bei ihm weilte. Nach etwa einer Viertelstunde verstummte Sylvester. Sarah schlief tatsächlich ein. Als sie aufstand, stellte sie fest, daß Sylvester mausetot war und allmählich erkaltete. Da verständigte sie den Hausarzt.

Für Sarah verlief alles glatt. Die Leute sagten, sie hätten sich gewundert, wie gesund Sylvester in den vergangenen Wochen ausgesehen habe, mit rosigen Wangen und so weiter. Sarah erhielt eine kleine Entschädigung von der Versicherung und ihre Witwenrente und mehr als genug Mitgefühl von Leuten, die ihr erklärten, sie habe Sylvester alles geopfert, habe ihm ein wunderbares Zuhause geschaffen, habe ihm einen Sohn geschenkt und habe letztlich alles nur Erdenkliche darangesetzt, sein kurzes Leben so glücklich zu machen, wie es das Leben eines Menschen nur sein kann. Niemand sagte: »Was für ein perfekter Mord!«, was Sarahs persönliche Ansicht war, und darüber konnte sie sich jetzt amüsieren. Jetzt konnte sie eine lustige Witwe werden. Mit Hilfe kleiner Gunstbeweise ihrer Liebhaber – die sie ihnen selbstverständlich ganz nebenbei aus der Tasche zog – konnte sie sogar noch komfortabler leben als zu Sylvesters Lebzeiten. Und Briefe konnte sie nach wie vor mit »Mrs.« unterzeichnen.

## Conny Lens
## Irenes Schlummertrunk

*Noch 48 Stunden*
Ihre Hand zittert beim Trinken. Als sie das Glas abstellt, knallt es hart, unkontrolliert auf die Marmorplatte. Noch zwei Kognak, und sie hat genug.

Gerd Noack schlägt das *Handelsblatt* um und läßt seinen Blick auf einer unbedeutenden Headline ausruhen. Dreiundzwanzig Uhr. In zwei Tagen, am Freitag, wird sie um diese Zeit bereits tot sein.

Die Geräuschkulisse im Fernsehapparat ändert sich abrupt. Theater statt Tagesthemen. »Ach!« Ihr Zeigefinger hackt auf die Fernbedienung ein. Flimmern und lautes Rauschen, dann Filmmusik. Während der Vorspann über den Bildschirm läuft, nimmt sie mit beiden Händen die Flasche und gießt nach.

Über den Rand der Zeitung behält er sie im Auge. Wie sie auf dem Sofa hockt, träge und nachlässig vom Alkohol. Die Beine an den Leib gezogen, ihre Oberschenkel vom hochgerutschten Rocksaum entblößt. Schlaffe Apfelsinenhaut mit einem feinen Netzwerk bläulicher Adern.

Eine halbe Stunde später ist sie total zu, und er schleppt sie ins Schlafzimmer. Läßt sie aufs Bett fallen, zerrt ihr die Kleidung herunter. Dann löst er das Aspirin in einem Glas Grapefruitsaft auf und führt es an ihren Mund. Wie fast jeden Abend.

»Komm, trink.«

»Was ist … los?«

»Gegen den Kater.«

Benommen trinkt sie, schläft schon beim Trinken ein.

»Austrinken.«

Im Wohnzimmer mixt er einen großen Wodka Lemon und stellt sich damit ans offene Fenster.

Irene. Auf ihrem Konto liegen sechshunderttausend Mark. Plus dieser Bungalow, plus das Mietshaus in Dortmund. Ihr erster Mann, ein Bauunternehmer, war erfolgreich gewesen. Zog nach dem Krieg für eine Wohnungsbaugesellschaft einen Kasten nach dem anderen hoch. Bis er vorzeitig seinen Herzinfarkt bekam.

Das war '86. Ein Jahr später lernte Gerd sie kennen. Auf Ibiza, in der Hotelbar. Sie entsprach dem Typ »reiche Witwe« bis ins Detail. Zwei Wochen spielte er den Hengst und wurde mit einer Einladung nach Essen belohnt. Zehn Monate später waren sie verheiratet. Sie war fünfzig, er neununddreißig. Seine akrobatischen Einlagen im Ehebett ließen achtzigtausend in seine kleine Firma fließen. Dann kam Monika aus dem Internat, ihre Tochter aus erster Ehe. Ein brünettes Luder, vollbusig und volljährig. Gerd haßte sie auf den ersten Blick.

Sie verzichtete auf eine Karriere als arbeitslose Akademikerin. Statt dessen eröffnete sie in Bochum eine Boutique. Von Stund an floß Irenes Geld in die falsche Richtung, auf Monikas Konto.

Nun soll eine zweite Boutique folgen. In Düsseldorfs bester Lage, nahe der Königsallee. Geschätzte Umbaukosten: dreihunderttausend Mark. Irene hat bereits grünes Licht signalisiert. Es wird Zeit, zu handeln.

Wie, hat er sich sorgfältig überlegt. Sie ist keine Frau, bei der man sich einen Fehler erlauben könnte.

»Ich bin zum Arzt. Die restliche Post soll Herr Möller unterschreiben. Bis morgen.«

»Bis morgen, Chef.«

Im Hof steht der 7.35er. Ein Auto, daß er sich eigentlich nicht leisten kann. Der Betrieb erwirtschaftet seit einem Jahr rote Zahlen. Von zwölf Leuten mußte er zwei entlassen. Deshalb ist es nötig, die Firma in eine GmbH umzuwandeln. Schritt I seines Plans: Abschottung des Privatvermögens. Das sich in wenigen Tagen auf runde zwei Millionen belaufen wird.

Es ist sein zweiter Besuch bei Dr. Schäfer. In dieser Angelegenheit sein letzter.

Der alte Arzt kommt mit ausgestreckter Hand um seinen Schreibtisch herum.

»Nimm Platz, Gerd. Was führt dich zu mir?»

Als er es sagt, runzelt der Alte die Stirn. »Ich mache das ungern. Diese Mittel sind einfach zu stark für einen regelmäßigen Gebrauch.«

»Sobald die Aufregungen in der Firma aufhören ...«

»Ich sage das auch nur der Ordnung halber.« Er greift zum Rezeptblock, wirft ein paar krakelige Wörter darauf. »Was macht Irene?«

»Nun ja.«

»Sie trinkt zuviel, Gerd. Du solltest auf sie aufpassen. Wenn sie so weitermacht, passiert noch ein Unglück.«

»Das werde ich schon verhindern.«

»Sagt sich so leicht. Hier, dein Rezept. Soll die Rechnung wieder an dein Büro gehen?«

»Ja. Das ist praktischer.«

Auf dem Nachhauseweg löst er das Rezept gegen ein

Röhrchen mit zwölf Tabletten ein. Drei davon wird er aufbewahren, den Rest morgen im Büro pulverisieren. Damit sie sich schneller auflösen. So, wie er es mit den ersten zwölf gemacht hat. Eines der Röhrchen wird er vernichten. Das zweite bleibt bis Freitag nachmittag im Büro. Die Rechnung wird er von seinem Privatkonto begleichen, dessen Auszüge ebenfalls zum Büro geschickt werden. Das wären die Schritte 2 und 3 des Plans. Irene küßt ihn flüchtig auf die Wange. Ein Ritual, das sie aus besseren Tagen herübergerettet hat. »Wir sind bei den Venhusens zum Abendessen eingeladen.«

»Und das erfahre ich erst jetzt?«

»Doris Venhusen hat erst vor einer Stunde angerufen.«

Er knallt seinen Aktenkoffer auf die Garderobe. »Du hättest mich wenigstens anrufen können.«

»Habe ich. Aber du warst nicht mehr im Büro. Soll das hier liegenbleiben?« Demonstrativ zeigt sie auf den Aktenkoffer. Genau so ein Moment war es, in dem er beschlossen hat, sie zu töten. Als sie ihm wieder einmal zeigte, daß er bestenfalls Gast in diesem Haus ist. In ihrem Haus.

»Ich ziehe mich um.« Auf der Treppe bleibt er stehen, dreht sich zu ihr. »Ach, ich habe Marlies und Sven für Freitagabend eingeladen. Ist dir das recht?«

»Natürlich. Warum nicht?«

Dann war dies Schritt 4.

*Noch 15 Stunden*

»Was ist das?« Für eine Sekunde bleibt ihm die Luft weg, starrt er regungslos auf den Löffel in ihrer Hand.

»Traubenzucker. Der ist gesünder als normaler.« Irene rührt das weiße Pulver in ihren Earl Grey, trinkt und blättert die Morgenzeitung um.

Gerds Hände zittern. Er legt das Messer beiseite. Traubenzucker. Und er dachte ... glaubte schon ... Wenn nur dieser Freitag vorbei wäre.

»Wenn du schon nicht mitfährst, dann entschuldige dich wenigstens bei ihr. Das würde vieles ändern.«

»Das muß ja nicht sein.«

Es geht um Monika. Sie hat Irene und ihn für ein paar Tage nach Sylt eingeladen. Macht dort Urlaub mit ihrem Freund. Als wenn er in der Stimmung wäre, sich darüber Gedanken zu machen.

»Und wenn sie im Herbst heiraten? Eine schöne Familie ist das. In der Vater und Tochter nicht miteinander reden.«

»Stiefvater, bitte.«

Irene verdreht genervt die Augen.

Er soll sich bei Monika entschuldigen. Dafür, daß er sie einen Parasiten genannt hat. Sorgen hat die.

»Warum fällt es dir bloß so schwer?«

Ja, warum eigentlich? Sie hat recht. Eine Aussöhnung mit Monika käme seinem Plan eher entgegen, als ihn zu stören. »Also gut. Wenn du unbedingt willst. Damit endlich Ruhe ist.«

»Ach, Gerd!« Mit einem Schlag ist sie obenauf. Küßt ihn sogar. »Das werde ich dir nicht vergessen.«

»Ich werde Monika nachher anrufen.«

»Es gibt kein Telefon in dem Ferienhaus. Frank meint, wenn es eines gäbe, könne er gleich zu Hause bleiben.«

Gerd quält sich ein Lächeln ab. Selten ist er sich so hinterhältig, so schmierig vorgekommen. Aber jetzt gibt es kein Zurück.

»Schreibe ihr ein paar Zeilen. Ich nehme sie am Sonntag mit zu ihr.«

Sonntag bist du tot, denkt er. »Na schön.« Zum Beweis

seines guten Willens geht er ins Arbeitszimmer, schreibt ein paar Worte auf seinen Privatbriefbogen. »Es tut mir aufrichtig leid. Bitte verzeih mir. Gerd.« Das Wort Vater wäre ja wohl übertrieben.

Irene nickt erleichtert, als sie es liest. »Ich danke dir, Gerd. Jetzt wird alles wie früher.«

Er trinkt seinen Kaffee aus und denkt, wie unrecht sie hat.

*Noch 3 Stunden*

Obwohl längst fertig, bleibt er unter der Dusche. Durch das Prasseln der Wasserstrahlen hindurch hört er nebenan Irene hantieren. Sie legt seine Kleidung für den Abend heraus. Zum letztenmal. Er ist nervös.

Gegen zwanzig Uhr kommen Marlies und Sven. Man wird grillen und eine Menge trinken. Spätestens um dreiundzwanzig Uhr wird Irene genug haben und stark angetrunken ins Bett wanken. Allein. Die beiden werden das bezeugen können. Auch, daß er – Gerd – den ganzen Abend bei ihnen war. Bis auf eine Minute vielleicht. Eine halbe Stunde danach wird er zur Toilette gehen. In die neben dem Schlafzimmer. Dort steht bereits ein Glas Grapefruitsaft bereit. Darin aufgelöst das Pulver von einundzwanzig Schlaftabletten. Er wird Irene wecken und ihr den Schlummertrunk einflößen. Danach wird er das leere Röhrchen auf den Nachttisch zwischen ihren Betten legen und die restlichen drei Tabletten auf dem Boden verstreuen. Niemand wird bezweifeln, daß Irene sein Schlafmittel mit ihrem Aspirin verwechselt hat. Erst recht nicht Dr. Schäfer. »Wenn sie so weitermacht, passiert noch ein Unglück.«

Ein Mord in einer Minute. Alles ist bereit.

*Noch 1 Stunde*
Geschafft! Er kann es kaum glauben. Es ist geschafft. Alles lief genau wie geplant.

Erleichtert sieht er dem Wagen seiner Gäste nach. Eine Weile bleibt er noch in der kühlen Nachtluft stehen, geht dann zurück auf die Terrasse. Müde vom Alkohol und der Aufregung. In der Lemon-Flasche steht ein schaler Rest. Gerade genug für einen letzten Wodka. Den hat er sich verdient.

Mit dem Drink geht er ins Wohnzimmer, legt sich aufs Sofa, genießt die Stille. Er wird heute nacht hier schlafen. Nicht neben der Toten.

76 *Stunden später*
Das Wetter paßt zu einer Beerdigung. Die graue Wolkenmasse hält die Schwüle wie unter einer Glocke fest. Es ist beklemmend. Am Grab spricht der Pfarrer die letzten Worte. Kommt dann langsam herüber, bekundet sein Beileid. Nach ihm die defilierende Reihe der Trauergäste.

»Frau Noack?« Der Mann trägt einen Regenmantel. »Mein Name ist Terjung. Kriminalpolizei.«

Der Schwindel kommt so plötzlich, daß sie nach seinem Arm greifen muß. »Entschuldigung.«

»Ich bitte Sie.« Er nimmt ihren Ellbogen und führt sie behutsam zum Tor. Ein Polizeiwagen wartet auf der anderen Straßenseite.

»... nur eine Routineangelegenheit. Die Umstände sprechen eindeutig dafür.«

Aus! Irgendein kleiner Fehler ist ihr unterlaufen. Aber welcher? Sie hört nicht, was der Beamte sagt. Spult in Gedanken den Film der letzten Tage zurück. Bleibt dort stehen, wo es begann. Bei Doris Venhusens verspäteter Einladung zum Abendessen. Sie hatte sofort Gerd angerufen, damit er sich darauf einrichten konnte. Er sei beim Arzt, hieß es. Das verstand sie nicht. Auf ihren Anruf dort beruhigte Dr. Schäfer sie. Er habe Gerd nur ein Schlafmittel verschrieben. Das zweite Mal. Ob sie das denn nicht wisse?

»Die Firma Ihres Mannes ist in einer bedrohlichen Lage. Erst vor einer Woche hat er sie in eine GmbH umgewandelt.« Terjungs Griff um ihren Arm wird fester. »Damit die Gläubiger nicht Ihr Vermögen angreifen können. Diese Vorsorge ist typisch in diesen Fällen.«

Sie sieht zur Seite. In Terjungs Gesicht ist nichts zu erkennen.

»Unter einem Vorwand ließ er sich starke Schlaftabletten verschreiben, die er gehortet hat. Der Arzt bestätigt, daß er dies vor Ihnen verheimlichte.«

»Ja, das ist richtig.«

Sie hatte nicht gewußt, daß er sie umbringen wollte. Aber seit diesem Abend hatte sie mit dem Gedanken gespielt. Nicht, warum er es machen würde, sondern wie und wann. Die Frage nach dem *Wie* war schnell beantwortet: Sein fürsorgliches Aspirin in Grapefruitsaft, das er ihr abends oft gab. Und mit seiner Einladung an Marlies und Sven für Freitag abend hatte er das *Wann* zumindest eingegrenzt.

»Die Arztrechnungen hat er sich in sein Büro schicken lassen. Er hat sie von seinem Privatkonto bezahlt.« Terjung bleibt stehen, die Hand immer noch um ihren Arm.

Sie weiß jetzt, was er sagen will.

Freitag nachmittag, als Gerd duschte, fand sie eine Tüte mit weißem Pulver in seiner Jacke. Sie tauschte es gegen Traubenzucker aus. Dann goß sie eine Flasche Lemon bis auf einen Rest leer. Damit die Konzentration stimmte. In diesen trüben, bitteren Rest rührte sie sein Pulver. Wenn es harmlos war, würde es ihm ja nicht schaden. So konnte sie unbedenklich seinen Schlummertrunk nehmen.

»Es tut mir leid, Frau Noack.«

Während Gerd nach Mitternacht seine Gäste zum Wagen brachte, tauschte sie sein Lemon gegen ihres aus. Kurz nach zwei schaute sie nach. Aber da war er schon tot.

»Alles in allem ein klassischer Selbstmord.«

Sie nickt nur.

»Hinzu kommt der Abschiedsbrief an Sie.«

»O ja, natürlich.«

Obwohl ihn eigentlich Monika bekommen sollte. Aber Irene hatte es praktischer gefunden, ihn neben Gerds Leiche zu legen.

## Henry Slesar
## Bulle im Schaukelstuhl

Detective Lieutenant Herb Finlay saß auf der Veranda seines Ferienhäuschens und mißbrauchte den Schaukelstuhl zum Stillsitzen. Damit übertrat er die ärztlichen Anordnungen zwar nur geringfügig, fand es aber sehr befriedigend, reglos dazusitzen und mürrisch auf die Baumwipfel und die Küstenlinie Maines zu blicken, hinüber zu dem Wild, das er nicht jagte, und zu den Fischen, die er nicht an Land holen durfte.

Der Polizeiarzt hatte sich ziemlich drastisch geäußert. »Für einen Bullen wie dich, Finny«, knurrte er, »ist Jagen und Fischen keine Entspannung, sondern nur ein Ersatz für die Verbrecherjagd. Ich will, daß du dich *ausruhst* – und damit meine ich einen Urlaub im Schaukelstuhl, du alter Dummkopf.«

Natürlich war Finny noch gar nicht alt, erst neunundfünfzig – nur seine Arterien waren zu schnell gealtert. Eines schönen Morgens hatte er auf dem Weg zur sechshundertvierundzwanzigsten Verhaftung seiner Karriere einen Herzanfall erlitten und war ins Bett verbannt worden. Wegen guter Führung wurde er schließlich in die Obhut von frischer Luft, Sonnenschein und totaler Ruhe entlassen. »Du rührst keinen Finger«, forderte man ihn auf. »Vergiß, daß du Bulle bist, tu mal so, als wärst du eine Pflanze.« Nach zweiunddreißig Jahren war das der schlimmste Befehl, den er je bekommen hatte.

Finny griff nach dem Feldstecher und suchte mit Adleraugen die Bäume ab. An der Küste entdeckte er eine Gruppe sauberer kleiner Häuser mit weißen Dächern, die wie Kekse in der heißen Mittagssonne buken. Gute zehn Minuten lang beobachtete er die Gebäude. Dann neigte er den Stuhl zurück und versuchte zu schlafen. Fünf Minuten später richtete er das Fernglas wieder auf die Häuser. Schließlich stand er auf, ging in das kühle Innere der Hütte und griff nach dem Telefon. Er probierte aus, wie lang die Schnur war, und stellte fest, daß er den Apparat mit zum Schaukelstuhl nehmen konnte. Er setzte sich den Apparat in den Schoß und wählte die Hotelvermittlung.

»Würden Sie mich bitte mit Mr. Bryer verbinden?« fragte er. Die Telefonistin kam der Aufforderung nach, und Bryer meldete sich mit der für einen Hotelwirt typischen Frage. »Ja, alles in Ordnung, in bester Ordnung«, knurrte Finny. »Ein Paradies auf Erden. Ich wollte Sie nur was fragen. Wissen Sie Näheres über die Häusergruppe drüben am Wasser? Etwa drei bis vier Meilen von hier, im Südosten.«

Bryer antwortete im entschuldigenden Tonfall. »Sie meinen sicher die Rose-Valley-Siedlung. Kleine Häuser mit weißen Dächern? Die ganze Landschaft ist verschandelt, aber was kann man gegen den Fortschritt machen?«

»Wie viele Häuser gibt's da insgesamt?«

»Ein Dutzend. Bis auf drei sind alle verkauft. Aber hören Sie, wenn Sie sich hier niederlassen wollen ...«

»Wollte es nur mal wissen«, sagte Finny tonlos. »Sie kennen nicht zufällig die Familien, die da wohnen?«

»Ich? Nein, Sir, das geht mich nichts an. Bill Jessup kann Ihnen da sicher mehr sagen; er ist der Grundstückskönig in unserer Gegend. Wollen Sie sich wirklich danach erkundigen?«

»Das geht Sie auch nichts an.«

Finny legte auf und meldete sich wieder bei der Dame in der Vermittlung. Über die Auskunft ließ er sich Jessups

Nummer besorgen und sprach zwei Minuten später mit dem Grundstückskönig.

»Aber natürlich kenne ich die Familien. Ich habe doch jedes Haus persönlich verkauft. Wer spricht da bitte?« »Ich bin Detective Lieutenant Herbert Finlay«, sagte Finny langsam und betonte seinen Rang.

Jessup spulte eine Liste mit Namen herunter. Finny interessierte sich nicht für die Buchanans, die gerade auf Reisen waren, um Mrs. Buchanans Mutter zu besuchen; auch nicht für die Sandhursts, die sich im Ausland aufhielten; oder für die Parkers, die in den Ferien waren (Finny fragte sich, wo man Urlaub macht, wenn man schon in Maine wohnt). Ebensowenig interessierten ihn die anderen vier Familien, die noch nicht eingezogen waren.

Die verbleibenden fünf waren die Cotters, die Wilsons, die Twynams, die Pilchaks und die Smileys.

»Gibt's irgend etwas über diese Familien zu berichten?« fragte Finny. »Interessanten Klatsch, solche Sachen?«

»Jetzt hören Sie mal«, sagte Jessup mit einem Anflug von Schärfe. »Ich bin Grundstücksmakler und kein Klatschmaul. Wenn Sie Klatsch hören wollen, müssen Sie mit Hal Crump reden, nicht mit mir. Ich habe zuviel zu tun.«

»Wer ist Hal Crump?« fragte Finny.

Crump war der Starkolumnist der Ortszeitung, eines Sechsseiten-Blattes mit dem Titel *The Yankee Trader.* Schon am Telefon war er recht zugänglich und versorgte Finny gern mit den gewünschten Informationen.

»Die Cotters«, sagte Crump kichernd, »sind frisch verheiratet und lassen sich dementsprechend wenig blicken. Die Wilsons sind Mitte Fünfzig und sehen bloß fern. Die Twynams stammen aus einer alten Neuenglandfamilie, ruhige Leute. Die Pilchaks sind launenhaft. Die Smileys sind die

Schlimmsten; er trinkt und verprügelt sie. Die Polizei ist schon fünf- oder sechsmal dort gewesen ...«

»Ah«, sagte Finny, den das hübsche runde Wort »Polizei« sehr befriedigte.

Als nächstes rief er das Revier an und landete bei einer ordentlich barschen Sergeantenstimme.

»Ich heiße Finlay«, sagte er. »Detective Lieutenant bei der Mordkommission. Achtes Revier.« Dann stellte er seine Fragen.

»Smiley?« gab der Sergeant zurück. »Himmel ja, in der letzten Woche sind wir dreimal draußen gewesen, das letztemal gestern. Der Mann verprügelt seine Frau. Walkt sie tüchtig durch, dabei ist sie sehr zerbrechlich, eine richtige Puppe.«

»Wo ist er jetzt? Hinter Gittern?«

»Nein, wir konnten ihn nicht hierbehalten; er ist auf Kaution frei. Wenn ich's recht bedenke, ist er erst vor ein paar Stunden nach Hause marschiert. Sah ziemlich wütend aus. Würde mich nicht überraschen, wenn wir heute abend wieder gerufen werden.«

»Eine letzte Frage«, sagte Finny. »Wohnen die Smileys im dritten Haus auf der Ostseite der Siedlung? In der Nähe der Birkenbäume?«

»Aber ja, das ist das Haus!«

»Dann würde ich an Ihrer Stelle nicht auf den Anruf warten, Sergeant«, sagte Finny. »Ich würde sofort hinfahren.«

»Was ist denn los?«

»Fahren Sie schon!« sagte der Kriminalbeamte barsch. »Spannen Sie an und fahren Sie los, ehe es zu spät ist.«

»Was geht denn vor? Schlägt er sie schon wieder?«

»Ich glaube, diesmal ist es Mord«, sagte Finny grimmig.

Eine Stunde später klingelte das Telefon. Finny war in der heißen Sonne eingeschlafen, den Apparat im Schoß, und hätte den alten Schaukelstuhl vor Schreck fast umgekippt.

»Lieutenant?« Die Stimme des Sergeants klang schrill. »Um Himmels willen, woher haben Sie das gewußt? Ich meine, Ihre Hütte ist doch vier Meilen entfernt!«

»Was liegt an?« fragte Finny. »Was ist bei den Smileys los?«

»Wir kamen zu spät, aber die Frau hat keinen Ärger gemacht. Saß mit der blutigen Axt im Keller und wartete darauf, daß die Leiche des alten Knaben im Heizofen verbrannte. Wer weiß – vielleicht wäre sie sogar damit durchgekommen, wenn Sie nicht angerufen hätten. Woher *wußten* Sie das, Lieutenant?«

»Ach, es ist mir so zugeflogen«, antwortete Finny, und eine angenehme Wärme breitete sich in ihm aus. »Als ich mir die hübschen kleinen Häuser anschaute und den Schornstein rauchen sah, als wäre er ein Fabrikschlot, da mußte ich mich doch fragen, was man wohl am heißesten Tag des Jahres verbrennen könnte.«

Als er aufgelegt hatte, begann er zufrieden zu schaukeln.

## Ingrid Terkelsen
## Treffen

»Jetzt gehe ich.«

Sie flüsterte die Worte ganz leise. Mit zitternden Fingern knöpfte sie ihren Mantel zu und band sich das Kopftuch um. Die ganze Zeit beobachtete sie die Tür zum Wohnzimmer.

»Jetzt gehe ich.«

Unvorstellbar, wenn *er* sie hörte. Wenn er in diesem Augenblick die Tür öffnete und sie hier stehen sähe, fertig angezogen.

Sie wußte genau, das Risiko war nicht groß. Er lag auf dem Sofa und schlief, tief und lautstark, und das würde er noch viele Stunden tun.

So war es auch alle die anderen Male gewesen. Die vielen, vielen Male, wo *er* heimgekommen war, besinnungslos vor Trunkenheit, und geschrien und getobt und sie geschlagen hatte, um schließlich umzufallen und den Rausch auszuschlafen.

»Jetzt gehe ich.«

Unendlich vorsichtig öffnete sie die Tür und trat ins Treppenhaus. Die Tür schloß sich hinter ihr mit einem kaum hörbaren Klicken.

»Jetzt gehe ich.«

Er schrie die Worte laut heraus, obwohl er ganz allein im Haus war. *Sie* war weg, als er heimkam. War zu ihm gegangen. Dem anderen.

»Jetzt gehe ich.«

Es tat gut, die Worte loszuwerden, sie herauszuschreien

und sie in dem riesigen, leeren Zimmer widerhallen zu hören.

Die anderen Male hatte er so getan, als wäre *sie* zu Besuch bei einer Freundin. Hatte getan, als wisse er nichts. Jedesmal. Aber nicht jetzt. Nicht diesmal.

Nie wieder!

Er lief durch den Flur, riß den Mantel vom Haken und knallte die Tür hinter sich zu.

Die Nacht war still und dunkel.

Jetzt gehe ich! Jetzt gehe ich! Die Worte hallten in ihrem Kopf wider und wider, sinnlose Silben im Takt ihrer Schritte.

Jetzt-ge-he-ich-jetzt-ge-he-ich-jetzt-ge-he-ich-jetzt-

Sie weinte leise vor sich hin, schnupfte und schluchzte wie ein kleines Mädchen, das seine Mutter nicht findet.

Vorsichtig berührte sie ihr rechtes Auge, das geschwollen war und schmerzte. Bald würde es blau sein. Ihre Rippen taten an den Stellen weh, wo sie auf die Kante des Eßtisches aufgetroffen war, gegen den er sie geschleudert hatte.

Wohin sollte sie gehen?

Ihre Eltern konnte sie nicht aufsuchen. Sie könnte deren triumphierendes ›Was haben wir dir gesagt! Hatten wir nicht jedesmal recht, wenn wir sagten: Er ist es nicht wert, daß du ihm nachläufst!‹ nicht verkraften.

Ja, gewiß hatten sie recht, aber was half das jetzt? Freunde hatte sie keine mehr. Dafür hatte *er* gesorgt.

Wer würde ihr helfen?

Sie ging weiter, weinend, zerschlagen, voll Angst. Sie wußte nicht, wohin sie unterwegs war, aber einer Sache war sie sicher: Nie mehr ging sie zu *ihm* zurück.

Nie mehr!

Er trabte schnell durch die dunklen, stillen Straßen. Es half, den Körper zu gebrauchen, die Füße fest auf das Straßenpflaster zu setzen und die Schritte zwischen den Hausmauern zu hören.

Es half; aber nicht sehr. Die Wut brannte in ihm und zwang ihn, die Fäuste zu ballen, daß die Nägel in die Handflächen schnitten.

Nie mehr!

Warum nur hatte er sich so lange damit abgefunden? *Ihre* Kälte, *ihre* Gleichgültigkeit. *Ihre* halbherzigen Entgegnungen.

Diese Hure. Diese verfluchte, vermaledeite Hure! Er konnte *sie* vor sich sehen, in *seinen* Armen. Den Armen des anderen.

Die roten Nebel zeigten sich wieder und verwischten das Bild.

Er beschleunigte den Schritt, ging ohne Zweck und Ziel weiter, aber sein Unterbewußtes lenkte ihn auf einen bekannten Weg, hinaus aus der Stadt, der Eisenbahnbrücke zu. Er hatte immer besonders gern dort oben gestanden, um das Ein- und Auftauchen der Züge unter den Brückenbogen zu beobachten.

Er hob die Faust und betrachtete sie, öffnete und schloß sie und krümmte die Finger zu Klauen. Er hatte noch nie jemanden geschlagen, nicht einmal sie, aber jetzt fühlte er den Drang, diese Hände zu gebrauchen, mit den Fäusten auf lebendiges Fleisch einzudreschen und Hackfleisch daraus zu machen. Mit den gekrümmten Fingern einen Hals zu umklammern – ihren Hals oder einen anderen – nur zupakken und drücken, drücken, drücken …

Nie mehr.

Die Worte bekamen einen neuen, schnellen Rhythmus, der sie zu rascherem Gehen bewegte. Die Tränen trockneten auf ihren Wangen. Nie mehr!

Wie ein lebenspendender Strahl schoß der Zorn in ihr hoch und verbreitete sich in allen Gliedern. Sie atmete tief und frei.

Nie mehr würde sie es sich gefallen lassen, mißhandelt und gedemütigt zu werden. Niemals mehr durfte *er* sie wieder so behandeln!

Ein Energiestrom durchflutete sie, und sie hob den Kopf.

Kein Mann sollte sie so behandeln. Kein einziger Mann sollte sie je anrühren.

Nie mehr! Nie mehr!

Die Worte pochten im Rhythmus, wie pulsierendes Blut.

Sie wollte es ihnen zeigen!

Sie öffnete ihre Tasche und wühlte hastig darin herum, bis sie fand, was sie suchte: eine lange, spitze Schere. Mit dieser Schere in der Hand ging, lief sie weiter. Nicht einem bestimmten Ziel entgegen, sondern nur zur Stadt hinaus und hinauf in das Gelände über der Eisenbahn.

Er stand auf der Brücke und schaute auf den Bahnkörper hinunter. Gerade jetzt fuhr kein Zug, nur Schienen streckten sich dahin, parallel und kreuz und quer, leer und blank.

Er fühlte nichts.

Er sehnte sich nach der gewaltsamen Wut, versuchte, sie zurückzurufen, indem er sich *sie* und den anderen vorstellte, ballte die Fäuste, um das Gefühl von Rotglut heraufzubeschwören, aber es half nichts. Der Drang, zu schlagen und zu zerstören, war weg. Es war nichts geblieben. Außer dem Nichts. Sein Inneres war eine schwarze, gähnende Leere, und er war außer sich vor Angst.

Ein Zug näherte sich. Sein starker Lichtkegel durchschnitt die Nacht unter ihm.

Er legte die Hände auf das Geländer und setzte zum Sprung an, stemmte sich auf die Arme und beugte sich über den Rand. Es war ganz einfach. Eine kleine Anstrengung, eine letzte Bewegung …

Sie war weit gegangen, ohne die Umgebung zu beachten. Das Brausen eines Zuges durchdrang ihren großen Zorn, und sie entdeckte, daß sie sich am Ende der Brücke über der Eisenbahn befand. Ein Mann, ans Geländer gelehnt, stand mitten darauf. Jetzt legte er die Hände auf den Rand und setzte zum Sprung an, hob sich auf die Arme und …

»NEIN!«

Kam der Ruf von ihr? Oder von ihm? Sie konnte es nicht entscheiden. Ohne zu denken, begann sie zu laufen, stürzte auf den Mann zu, der jetzt über dem Rand des Geländers hing, während der Zug näher und näher kam.

»NEIN!«

Der Schrei kam von nirgendwo, hakte sich in seinem Bewußtsein fest, kämpfte, um ihn von der Tiefe wegzuziehen. Einen Augenblick sträubte er sich dagegen, dann warf er sich nach hinten und fiel auf die Brücke zurück, während der Zug darunter entlangdonnerte, daß die ganze Konstruktion bebte.

Mit Anstrengung richtete er sich auf. Zu seiner Überraschung merkte er, daß er weinte. Das hatte er seit Jahren nicht getan, aber jetzt schluchzte er mit offenem Mund in hohen, unkontrollierten Lauten, wie ein kleiner, sehr verängstigter Junge.

Er begann zu zittern und lehnte sich an das Geländer, um nicht zu fallen.

Er mußte mit jemandem sprechen. Mit irgend jemandem, gleichgültig wer, irgend jemand mußte ihm helfen, ihn von der Brücke wegbringen, von den dahinbrausenden Kolossen dort unten, dem Schmerz, der Leere, *ihr*.

Er entdeckte eine Gestalt, die sich rasch näherte. Eine Frau mit einem Tuch um den Kopf. Sie konnte, mußte ihm helfen! Er ließ das Geländer los und begann unsicher auf sie zuzuwanken. Er versuchte sich zusammenzunehmen, mit dem Weinen aufzuhören, aber er konnte es nicht. Zitternd und schluchzend streckte er ihr die Hände entgegen.

Als sie bei ihm war, blieb sie stehen und sah ihn an. Er stand unsicher auf den Beinen und murmelte etwas Unverständliches.

Ihr großer Zorn kehrte zurück. Er war zweifellos betrunken.

Genau wie *er*. Ein verdammtes Schwein. Alle Männer waren Schweine!

Er streckte die Hände aus und faßte sie am Arm.

Der Zorn schwoll zu einer riesenhaften, eisigen Flutwelle an und schwemmte Menschlichkeit und Mitgefühl fort, zerstörte die letzten Reste von Vernunft. Sie hob die Hand und stach zu.

Ein glühender Schmerz durchjagte ihn, und er merkte, wie seine Beine nachgaben. Sie blieb noch einen Augenblick stehen und schaute auf die zusammengesackte Gestalt zu ihren Füßen hinunter. Dann zog sie die Schere aus seiner Brust und ging weiter.

Das letzte, was er erfaßte, ehe das absolute Nichts kam, war das Geräusch ihrer Absätze, die auf den Brückenbelag hämmerten.

## Ingrid Noll
## Fisherman's Friend

Ausgerechnet auf diesen blöden Anglerfesten lernte ich die Männer kennen. Schon als kleines Mädchen mußten Mutter und ich einmal im Jahr mit den Sportsfreunden meines Vaters und ihren Familien ein Sommerfest feiern, als ob es zu Hause nicht oft genug Fisch gegeben hätte.

Die Frauen bereiteten Kartoffelsalat, Streuselkuchen und andere kulinarische Höchstleistungen zu, die Männer sorgten für Bier vom Faß und gegrillten Fisch. Die Kinder spritzten sich mit Wasserpistolen naß und heulten, wenn sie von einer Wespe gestochen wurden. Es wurde gefressen, gesoffen, gegrölt und geschwoft, aber immer im Rahmen einer gewissen Zucht und Ordnung. Das Ganze fand im Vereinshaus am See statt, bei schönem Wetter auf den Wiesen am Bootssteg. Unter Lampions habe ich Eugen kennengelernt, später den Ulli.

Damals war ich siebzehn und dumm wie Bohnenstroh. Ich kapierte nicht, daß Eugen sich nur deshalb an mich heranmachte, weil ihn die Torschlußpanik erwischt hatte; er war fast vierzig, und noch keine Frau hatte bis jetzt angebissen. Ich empfand sein Alter als Auszeichnung. Ein Mann, der fast so alt und konservativ wie mein Papa war und ausgerechnet mich bevorzugte, das war eine Gnade. Eugen war klein und mickrig, weder witzig noch interessant, aber wenigstens ein bißchen reich. Er besaß ein alteingesessenes Fachgeschäft für Schirme, Handschuhe und Hüte. Bisher hatte ich nur Omas gestrickte Fäustlinge getragen, von da an wurde ich die Besitzerin einer Kollektion feinster Lederhandschuhe.

Meine Eltern waren nicht viel klüger als ich, denn sie hielten Eugens Werbung ebenfalls für einen Glücksfall. Nicht lange fackeln, zugreifen! empfahlen sie. Ich war damals nämlich nicht bloß unbedarft, auch meine berufliche Karriere als Briefträgerin sah nicht vielversprechend aus.

Mit achtzehn war ich verheiratet, mit neunzehn Mutter. Anfangs sollte ich im Laden helfen, aber schon nach den ersten Versuchen hatte ich keine Lust mehr. Weil ich von Tuten und Blasen keine Ahnung hatte, nahmen mich die Verkäuferinnen als Chefin nicht ernst. Es verletzte mich, daß hinter meinem Rücken über mich getuschelt wurde, und zwar nicht gerade positiv. Wahrscheinlich habe ich Eugen so mit meinem Gejammer genervt, daß er mich nie mehr im Laden sehen wollte. Ich blieb also zu Hause, hatte mit Haushalt und Kind genug zu tun und war anfangs fast zufrieden.

Es dauerte eine Weile, bis ich Eugen näher kennenlernte. Seine Hobbys waren Angeln und Autofahren. Er besaß einen Landrover für den Sport und einen dicken Mercedes für die Stadt. Da er sehr klein war, trug er stets karierte Hüte aus dem eigenen Geschäft, damit wenigstens ein Stückchen Eugen hinterm Steuerrad zu sehen war. Morgens war er der erste und abends der letzte im Laden. Wenn er heimkam, wollte er essen, fernsehen, die ADAC- oder Angler-Zeitung lesen und es sich in Pantoffeln und Bademantel gemütlich machen. Falls es nicht in Strömen goß, verbrachte er die Wochenenden in reiner Männergesellschaft am See. Nachdem er so rasch einen Erbprinzen gezeugt hatte, schien ihn die Lust verlassen zu haben, noch einen zweiten Angler in die Welt zu setzen.

Eugen wußte aber, daß eine junge Frau im allgemeinen

gewisse Ansprüche stellt, und hatte ein latent schlechtes Gewissen. Daher verhielt er sich in finanzieller Hinsicht sehr großzügig. Ich bekam ein reichliches Taschengeld und konnte mir Kleider, Kosmetika, Schuhe und Handtaschen nach Herzenslust kaufen, ohne daß er je gemeckert hätte. Ja, er war geradezu stolz, daß sich der kleine braune Spatz an seiner Seite zu einem Goldfasan mauserte. Gelegentlich gingen wir zusammen essen, dann genoß er es, daß ich sowohl bei Männern als auch bei Frauen Aufsehen erregte. Zur Geburt unseres Sohnes schenkte er mir eine Perlenkette, zum fünften Hochzeitstag einen Pelzmantel. Nicht gerade originell, aber gut gemeint.

Durch mein verändertes Aussehen – abgesehen von den schicken Klamotten war ich auch selbst hübscher geworden – wuchs mein Selbstbewußtsein und meine Unternehmungslust. Täglich ging ich mit dem Kleinen nachmittags in den Schloßpark, ließ ihn ein wenig auf dem Spielplatz tollen und besuchte anschließend das Schloßcafé. Jonas löffelte ein großes Eis, ich trank einen doppelten Espresso. Leider waren um diese Zeit meistens ältere Damen oder Mütter mit Kindern unterwegs, so daß ich keine Gelegenheit hatte, mit einem Mann anzubändeln.

Aber auf dem nächsten Anglerfest geschah es. Ich hatte den Ulli bereits gekannt, als wir beide noch Kinder waren, aber dann zog seine Familie fort. Ulli hatte Abitur gemacht und war Textilingenieur geworden. Vor kurzem hatte er seine erste Stelle in der hiesigen Weberei angetreten.

Er war das Gegenteil von Eugen. Jung, hübsch, groß und stark, lustig und kein bißchen langweilig. Natürlich waren alle Mädels scharf auf ihn, ich rechnete mir keine großen Chancen aus. Manchmal kommt einem aber das Schicksal zu Hilfe. Ulli suchte einen gebrauchten Wagen, Eugen wollte seinen Landrover verkaufen. Sie verabredeten sich für den nächsten Sonntag bei uns.

Ich hatte Kaffee gekocht und mich hübsch gemacht, obgleich man mich bei der Probefahrt sicher nicht mitnehmen würde. Aber ich hatte ein zweites Mal Glück: Kurz bevor Ulli eintraf, rief die Polizei an. In der Samstagnacht war in Eugens Laden eingebrochen worden. Mein Mann fuhr sofort hin, um den Schaden zu begutachten; ich sollte unterdessen den Gast bewirten, in die Garage führen und ihm den Wagen zeigen. Unser Kleiner übernachtete am Wochenende stets bei meinen Eltern – »damit ihr ausschlafen könnt«, sagten sie. Wahrscheinlich verbanden sie mit diesem Angebot die Hoffnung auf eine Enkelin.

Ulli wollte den Wagen nicht bloß anschauen, sondern auf einer Geländefahrt testen. Wir stiegen ein, fuhren in den Wald, hielten an und küßten uns. Dann ging es wortlos wieder zurück. Als der geplagte Eugen heimkam, bemerkte er nicht, wie aufgeregt ich war, denn ich hatte mich wahrscheinlich zum ersten Mal im Leben verliebt.

Von da an war ich nicht mehr zu bremsen. Zweimal in der Woche lieferte ich Jonas am Nachmittag bei meinen Eltern ab und besuchte Ulli gegen fünf Uhr in seiner Wohnung. Wenn Eugen um sieben nach Hause kam, war ich schon wieder da. Natürlich waren meine illegalen Ausflüge riskant. In einer mittelgroßen Stadt wie der unseren blieb es Ullis Nachbarn wohl kaum verborgen, wer ihn so häufig besuchte. Es war nur eine Sache der Zeit, wann man Eugen im Geschäft oder beim Stammtisch gehässige Andeutungen machen würde.

Seit ich Ulli liebte, konnte ich meinen Mann nicht mehr ausstehen. Ich malte mir anfangs die Scheidung, später seinen Tod aus. Die zweite Version hatte den Vorteil, daß ich eine gute Rente und die Lebensversicherung ausbezahlt bekäme. Ich wäre dann wirtschaftlich unabhängig, denn auf einen gewissen Luxus mochte ich nie mehr verzichten.

Obwohl ich nicht allzuviel Phantasie habe, begann ich, einen Plan aufzustellen, um Ulli gegen Eugen systematisch aufzuhetzen. In Phase I stellte ich mich als Heilige dar, die einem Sadisten schutzlos ausgeliefert war. Ullis Ritterlichkeit wurde geweckt, ebenso sein Mitleid. Er wollte mich durch Entführung aus des Teufels Fängen erretten. In Phase II wurde ich konkreter: Ich setzte Ulli die Heirat als Lösung allen Unheils in den Kopf und deutete an, daß mich Eugen im Falle einer Scheidung völlig über den Tisch ziehen würde. Meinem Lover war es nach reiflichem Überlegen natürlich lieber, eine begüterte Frau zu bekommen. Phase III zielte direkt auf die Bedrohung unseres Lebens: Sollte Eugen von unserer Beziehung erfahren, würde er uns wahrscheinlich beide umbringen.

Ulli war – ich sagte es schon – ein schöner, starker, großer Junge, aber nicht übermäßig intelligent. Er glaubte mir alles und sah ein, daß wir Eugen zuvorkommen müßten.

Mein Mann wunderte sich, als ich ihn eines Abends über seine Angelgründe ausfragte. »Seit wann interessierst du dich für meine Hobbys?« fragte er und erzählte mir dann, daß er kürzlich einen kleinen See im Odenwald entdeckt hätte, wo er in völliger Einsamkeit wundervolle Fische an Land zöge. Das sei aber wie beim Pilzesuchen, er werde sein Geheimplätzchen keiner Menschenseele verraten. »Aber mir kannst du es schließlich sagen, ich bin ja keine Rivalin! Nimm uns doch einmal mit«, bat ich, »für unseren Jungen wäre das ein Paradies ...« Bis jetzt hatte unser Jonas wenig Freude am Angeln gefunden, er war noch zu klein, um stundenlang stillzusitzen und ins Wasser zu glotzen. Eugen war zwar nicht begeistert, aber er sah ein, daß er seinen Sohn allmählich an die männlichen Freuden der Wildnis gewöhnen mußte.

Der kleine See war wirklich nicht leicht zu finden, man mußte auf Feldwegen und durch matschige Wiesen fahren, aber der neue Geländewagen schaffte das spielend. Ich saß mit Jonas im Fond und machte mir heimlich Notizen und kleine Zeichnungen. Fast bedauerte ich es, daß ich Eugen nie auf seinen sonntäglichen Ausflügen begleitet hatte. Es war zauberhaft hier. Obgleich es noch früh im Jahr und reichlich kühl war, kam die Sonne doch ein paarmal heraus, leuchtete über das stille Wasser und wärmte uns. Wildenten ließen sich kaum stören, Haselkätzchen blühten. Eugen und Jonas setzten sich auf die mitgebrachten Klappstühle und warfen die Angel aus, ich machte einen kleinen Spaziergang. Als ich nach einer Viertelstunde zurückkam, war es dem Kind bereits kalt und langweilig geworden. Jonas saß im Auto und betrachtete Comics.

»Wenn du den Frieden hier draußen einatmest«, sagte Eugen, »kannst du vielleicht besser verstehen, daß sich mein eigentliches Leben nicht bloß im Hutgeschäft abspielt. Hier bin ich Robinson, hier fühle ich mich lebendig.«

Nicht mehr lange, dachte ich, dafür werde ich schon sorgen.

Gemeinsam mit Ulli fuhr ich einige Tage später hinaus und zeigte ihm den verschwiegenen See. »Du mußt so tun, als hättest du diese Idylle gerade erst entdeckt, wenn du am nächsten Sonntag auf Eugen triffst. Es wird kein großes Problem sein, ihn versehentlich ins Wasser zu werfen und seinen Kopf bei der ›Rettungsaktion‹ ein wenig unterzutauchen. Vergiß nicht, die hohen Gummistiefel anzuziehen!«

Ulli nickte. Hand in Hand liefen wir um den kleinen See,

blieben gelegentlich stehen, um uns zu küssen oder auf irgendeinen Wasservogel aufmerksam zu machen. Ich brach braune Rohrkolben ab, ohne zu bedenken, daß ich sie nicht mit heimnehmen konnte. Plötzlich tauchte ein Förster auf. Was wir hier im Naturschutzgebiet zu suchen hätten? Ob wir die Schilder nicht lesen könnten? Offensichtlich hatte Eugen einen Schleichweg ausfindig gemacht, der abseits aller Hinweise verlief. Wir wurden freundlich ermahnt und nach Hause geschickt. Gegen Liebespaare ist man nachsichtig.

Leider konnte ich Eugen nicht erzählen, daß er auf unerlaubtem Terrain fischen ging. Andererseits konnte es aber sein, daß er das durchaus wußte, ja, daß er eine Sondererlaubnis des Försters besaß. Eugen hatte überall hilfsbereite Stammtischkumpel und Sportskameraden, denen er seinerseits beim Einkauf von Anglerhüten, olivgrünen Schals und fingerfreien Jägerhandschuhen einen guten Rabatt einräumte.

Am nächsten Sonntag wollte Ulli jedenfalls sein Glück versuchen. Jetzt, im Vorfrühling, waren kaum Menschen unterwegs, denen er begegnen konnte. Und falls der Förster wieder auftauchen würde, dann mußte er eben kurzfristig umdisponieren.

Den besagten Sonntag verbrachte Jonas wie immer bei meinen Eltern, ich wartete auf Ullis Anruf. Nie hätte ich gedacht, daß ich so durchdrehen könnte, bereits in der vorausgegangenen Nacht hatte ich kein Auge zugetan. Ich konnte nicht essen, trank aber Cognac zur Beruhigung. Im Haus herrschte vollkommene Ruhe, es tat sich absolut nichts. Vergebens wählte ich Ullis Nummer. Allmählich wurde es dunkel, und ich mußte Jonas abholen; natürlich durfte ich mich auf keinen Fall anders benehmen als sonst.

Längst war ich mit meinem Sohn wieder daheim und saß mit ihm vorm Fernseher – natürlich ohne irgend etwas von der Sendung mitzubekommen –, als ich Eugens Wagen hörte. Ich rannte an die Haustür.

Ulli und Eugen stiegen in bestem Einvernehmen aus, ließen sich überhaupt nicht von meinem bleichen Antlitz beeindrucken, sondern holten aus dem Kofferraum eine große Plastiktüte. »Fast zu schade zum Einfrieren«, sagte Eugen, »einen derart riesigen Zander habe ich noch nie rausgeholt, so was nennt man Anfängerglück.« Ulli hatte anscheinend alle unsere Pläne vergessen, denn er präsentierte mir seinen fetten Fisch mit leuchtenden Augen. »Ohne deinen Mann hätte ich das nie geschafft«, versicherte er dankbar.

Während ich Jonas ins Bett brachte, hantierten die beiden Männer in der Küche herum. Sie hatten beschlossen, den Zander auf der Stelle zum Abendessen zuzubereiten. Ulli schälte Kartoffeln, Eugen nahm den Fisch aus und entfernte die Schuppen, zu weiteren küchentechnischen Aufgaben war er allerdings unfähig. Es dauerte nicht lange, da saßen die beiden Angelkumpane biertrinkend im Wohnzimmer, während ich mit Tränen in den Augen den Fisch in der einen, die Kartoffeln in der anderen Pfanne briet. Man hatte mir einen hübschen Haufen schleimiger Eingeweide und sandiger Kartoffelschalen hinterlassen, außerdem verspritzte Kacheln und verschütteten Schnaps. Es stank gen Himmel.

Bald ließen es sich die beiden schmecken; Eugen prahlte mit früheren Erfolgen, Ulli mit dem heutigen Fang. Ich saß dabei, aß keinen Bissen und sprach kein Wort. Die beiden Männer trafen Verabredungen für das nächste Wochenende. Sie waren offensichtlich in kürzester Zeit dicke Freunde geworden.

Natürlich blieb mehr als die Hälfte des kapitalen Fisches übrig, obgleich die Männer wie die Scheunendrescher zugeschlagen hatten. »Den Rest gibt's morgen«, schlug Eugen vor. Ich schüttelte den Kopf; weder Jonas noch ich mochten ständig aufgewärmte Fischreste essen, ich hatte dem Jungen für den nächsten Tag Schnitzel mit Pommes versprochen. »Lieber werde ich alles einfrieren«, sagte ich.

Der Versuchung, den allseitig angesäbelten Fisch in den Mülleimer zu werfen, widerstand ich. Vorsichtig löste ich die Gräten heraus, zog die Haut ab und gab das Fischfleisch in den Mixer. Vermengt mit einem eingeweichten Brötchen, Salz, Curry, Kapern, feingewiegten Zwiebeln und Crème fraîche ergab es appetitliche Fischfrikadellen. Als ich sie gerade braten und anschließend einfrieren wollte, kam mir allerdings die zündende Idee. Behutsam entnahm ich dem Abfalleimer größere und kleinere Gräten und bettete sie liebevoll und unauffällig in die geformten Frikadellen. Dann erst wurde gebraten und gefroren, damit meine sportlichen Männer beim nächsten Ausflug ein Überraschungspicknick mitnehmen konnten. Frischer Salat und gebuttertes Vollkornbrot boten sich als perfekte Ergänzung an.

Man war am nächsten Sonntag gerührt über das zünftige Picknickkörbchen, das ich vorbereitet hatte. Als liebende Gattin und heimliche Geliebte hatte ich außer den mit Salat und Tomaten garnierten Frikadellen noch rotkarierte Servietten, einen Salzstreuer und sogar kleine Schnapsfläschchen eingepackt, obwohl ein richtiger Angler in der Regel den eigenen Flachmann bei sich trägt.

Meine anfängliche Wut auf Ulli war inzwischen einer ungezügelten Rachsucht gewichen. Er hatte es tatsächlich gewagt, nach meinem vorwurfsvollen Anruf den Beleidigten zu mimen. »Dein Mann ist eigentlich sehr nett«, hatte er behauptet, »ich verstehe gar nicht, was du gegen ihn hast! Gott sei Dank hat sich alles anders ergeben, als du es dir ausgedacht hast! Oder hast du etwa im Ernst geglaubt, ich könnte einen Mord begehen?«

An diesem Sonntag mußte ich wieder unendlich lange auf ein Lebenszeichen der Angler warten. Ich malte mir die verschiedensten Gräten-Katastrophen aus, die von panikartigem Husten bis zu Erstickungsanfällen führten. Möglicherweise hatten sie jedoch bereits beim ersten Bissen die Gefahr und auch die böse Absicht erkannt und standen in wenigen Minuten mit gezücktem Hirschfänger vor der Tür.

Eugen kam allein und brachte kaum ein »Guten Abend« heraus. Erst auf meine eindringlichen Fragen erfuhr ich, daß Ulli bereits zu Hause war. Auch am anderen Morgen benahm sich Eugen seltsam. Er verließ das Haus allzu zeitig, ohne Frühstück und Gruß. Das Picknickkörbchen war weder in seinem Wagen noch in der Garage zu finden. Obgleich es mein Stolz fast verhinderte, rief ich Ulli im Büro an. Er sei nicht zu sprechen, ließ mir die Sekretärin ausrichten. Als er eigentlich längst zu Hause sein mußte, nahm er dort den Hörer nicht ab.

Zwei Tage später las ich in der Zeitung, daß man im Naturschutzgebiet an einem kleinen See im Odenwald einen toten Förster aufgefunden habe. Als Zeuge werde der Inhaber eines Landrovers gesucht, da die Reifenspuren am Ufer von einem solchen Wagen stammen mußten. Ob Unfall oder Mord, könne erst nach der Obduktion festgestellt werden, allerdings würden verschiedene Zeichen auf einen Tod durch Ersticken hinweisen. Rätselhaft sei außerdem der Fund von mehreren Schnapsfläschchen und den Resten eines Picknicks.

Ich stellte Eugen zur Rede. Es müsse sich um den See handeln, den er mir gezeigt habe, es seien auch sicher die Reifenspuren seines Rovers, und das Picknick stamme aus meiner Küche. Ob ihn der Förster bei verbotenem Fischen entdeckt habe?

Eugen brach zusammen. Der Förster bekam regelmäßig eine »Spende« für das unerlaubte Fischen zugesteckt, man kannte und schätzte sich. An jenem verhängnisvollen Sonntag habe man die mitgebrachten Mahlzeiten ausgetauscht: Ulli und Eugen erhielten Kabanossi, Landjäger und Schwarzbrot mit Gänseschmalz, während der Förster sich über die Fischfrikadellen hermachte. Als er nach einem grauenvollen Würge- und Hustenanfall erstickte, ohne daß sie ihm durch Rückenklopfen, Schütteln und Finger-in-den-Hals helfen konnten, waren sie in blinder Panik geflohen. Aber nicht etwa gleich nach Hause, sondern in eine Kneipe ganz in unserer Nähe. »Wir mußten uns erst abreagieren«, erklärte Eugen, der mir noch viel kleiner vorkam als sonst.

Natürlich konnte ich mit keiner Seele über seine Beichte sprechen, denn meine eigene Rolle in diesem Drama durfte auf keinen Fall ans Licht kommen; hoffentlich hielt Ulli dicht.

Wahrscheinlich haben wir die nächste Zeit alle drei unter schweren Träumen gelitten, haben jedes Telefonklingeln und jeden fremden Schritt an der Haustür als Bedrohung gedeutet. Aber nichts geschah, weder Ulli noch die Kripo meldete sich.

Langsam begann ich, nicht ständig an den toten Mann am See zu denken, den falschen Ulli aus meinem Gedächtnis zu streichen und mich dem Alltag zuzuwenden. Jonas wurde demnächst eingeschult, eine wichtige Sache für Mutter und Kind.

Mehrere Monate waren verstrichen, als ich den Anruf einer fremden Frau erhielt. »Mein Name tut nichts zur Sache, nennen Sie mich einfach Adelheid«, sagte sie und deutete an, daß sie Dinge wisse, die von großer Wichtigkeit für mich seien. Falls ich das vorgeschlagene Stelldichein nicht einhalte, würde sie ein uns beiden bekanntes Geheimnis an die Öffentlichkeit bringen.

Was blieb mir anderes übrig? In meiner Angst dachte ich allerdings nur, daß es eine Erpresserin sei, die mein Verhältnis mit Ulli – das längst beendet war – meinem Mann verraten wollte. Ich mußte wahrscheinlich zahlen.

Jonas war bei meinen Eltern, Eugen war angeln, ich saß in einem Café einer unbekannten Frau gegenüber, wohlweislich nicht in unserem Städtchen, sondern in einer benachbarten Großstadt.

Die sogenannte Adelheid ließ hurtig die Katze aus dem Sack. Bei einem doppelten Espresso, warmem Apfelstrudel und einem Klacks Vanilleeis erfuhr ich, daß sie die Frau des verstorbenen Försters war. Anhand seiner Notizen hatte sie herausgekriegt, von wem die monatliche »Spende« stammte. Ihr Mann hatte sie überdies eingeweiht, daß er sich gelegentlich am See mit einem »Spezi« treffe, dessen Finanzspritze dem geplanten Urlaub in der Karibik zugute komme.

»Als mir die Polizisten den Tod meines Mannes meldeten, brachten sie ein fremdes Picknickkörbchen mit und stellten es mir in die Küche. Während ich den Beamten Kaffee kochte, habe ich den Korb nebst Inhalt untersucht. Ich hatte damals den Verdacht, daß mein Mann vergiftet worden sei, und nahm eine von den zwei Fischfrikadellen heraus. Man hört ja immer wieder, wie schludrig in den Labors gearbeitet wird.«

Wie eine unglückliche Witwe sah die Fremde nicht aus. Gut gekleidet, gut geschminkt, gut erhalten, stellte ich fest, und sie verstand es überdies, lebhaft und fesselnd zu berichten. Aber was wollte sie von mir?

»Die Polizisten nahmen den Korb plus Inhalt wieder mit, als sie erfuhren, daß diese Dinge nicht aus unserem Haushalt stammten. Im übrigen war mein Verdacht berechtigt, denn bei der chemischen Analyse wurde nur festgestellt, daß kein Gift im Fisch enthalten war. Bei der Obduktion hatte man sofort entdeckt, daß mein Mann letzten Endes an einer Gräte im Hals gestorben war, denn er erstickte an Erbrochenem. Also ein Unfall, Fischfrikadellen können naturgemäß ein paar Gräten enthalten, dachten die klugen Herren.«

»Was habe ich damit zu tun?« fragte ich und konnte nicht verhindern, daß fieberhafte Röte mein Gesicht überzog.

Sie fuhr fort. »Die Fischfarce ist im Mixer püriert worden, das konnte ich sofort erkennen. Wären Ihnen versehentlich ein paar Gräten hineingeraten, dann wären sie ebenfalls zu Mus geworden, wie jede Hausfrau weiß. Also war klar, daß Sie die Gräten absichtlich, nachträglich und nicht mit liebevollen Gedanken hineinpraktiziert haben.« Ich sah die Fremde jetzt voll an. Sie erwiderte meinen Blick ohne Vorwurf, ja mit leichter Bewunderung. Schließlich lächelten wir beide.

»Sie haben mir einen großen Gefallen getan«, sagte sie, »denn ich wollte diesen einfältigen Wild- und Wassermann schon lange loswerden; nur hatte er mir bis dahin nicht den

Gefallen getan, eine Lebensversicherung abzuschließen. Er meinte, es sei nicht nötig, als Beamtenwitwe sei ich gut versorgt.«

Das war bedauerlich, ich mußte es zugeben. »Wie stünden Sie in einem solchen Fall da?« fragte sie teilnahmsvoll. Stolz konnte ich berichten, daß Eugen nicht so kleinlich war. Im Falle seines Ablebens war ich bestens abgesichert.

Wir trafen uns noch mehrmals, bis der Plan ausgereift war. Es war schon Sommer, als sie anrief und mit geheimnisvoller Stimme den ängstlichen Eugen an den See lockte. Sie habe dort etwas gefunden, das ihm gehöre.

Merkwürdigerweise vertraute sich Eugen mir an. Die Förstersfrau habe ihn an den See bestellt, wahrscheinlich wolle sie ihn anhand seiner früher gemachten Zahlungen erpressen. Falls er nicht Punkt sieben zurück sei, solle ich Ulli anrufen und meinem Mann zu Hilfe eilen. Leider könne er keinen Freund mitnehmen, denn die Frau habe ausdrücklich verlangt, daß er allein komme.

Im flachen Teil des Sees hatten wir einen von Eugens Hüten über eine Weidenrute gestülpt. Wir lauerten beide im Schilfgürtel, hockten in einem niedrigen Kahn, trugen klobige Männerschuhe, um falsche Spuren zu hinterlassen, und tranken aus dem Flachmann des toten Försters.

Eugen kam pünktlich, wartete in nervöser Aufregung, sah ständig auf die Uhr und entdeckte schließlich den Hut auf der Stange. Er wunderte sich offensichtlich und zögerte mindestens zehn Minuten, bis er sich die hüfthohen Gummistiefel anzog und ins Wasser watete. Wir waren schnell zur Stelle. Mit den Rudern brachten wir ihn zu Fall, hielten seinen Kopf gebührend lange unter Wasser und übergaben ihn dann seinen geliebten Fischen.

Der Urlaub mit Adelheid läßt sich gut an. Wir haben uns schick eingekleidet, und die schönen reichen Männer der Karibik lassen sicher nicht lange auf sich warten.

## Minette Walters
## Ein englischer Herbst

Ich erinnere mich, daß ich dachte, Mrs. Newbergs Problem sei weniger die Alkoholsucht ihres Mannes als vielmehr ihr albernes Beharren darauf, ihrer Umwelt vorzumachen, er wäre ein maßvoller Mensch. Sie waren ein gutaussehendes Paar, beide groß und schlank, mit vollem schlohweißem Haar, stets teuer gekleidet in Kaschmir und Tweed. Gerechterweise muß ich sagen, daß er tatsächlich nicht wie ein Trinker aussah und sich auch nicht wie einer benahm, aber ich kann mich nicht erinnern, ihn in den zwei Wochen unserer Bekanntschaft je nüchtern erlebt zu haben. Seine Frau pflegte ihn mit Klischees zu entschuldigen, sprach andeutungsweise von Schlaflosigkeit, einem Todesfall in der Familie, einer alten Beinverletzung – aus dem Krieg natürlich –, die ihm das Gehen schwermache. Dann und wann flog ein amüsiertes Lächeln über sein Gesicht, als hätte eine ihrer Bemerkungen ihn erheitert, aber die meiste Zeit saß er nur da und klammerte sich mit Blicken an irgendeinen festen Punkt, um das mühsam bewahrte Gleichgewicht nicht zu verlieren.

Ich schätzte sie beide auf Ende Siebzig und fragte mich, was sie so weit von zu Hause fortgetrieben hatte, mitten hinein in einen kalten englischen Herbst. Mrs. Newberg wich aus. Nur ein kleiner Urlaub, zwitscherte sie mit vogelheller Stimme, deren bei konsonantischen Lauten gelegentlich harter Klang an Nordeuropa gemahnte. Sie warf dabei nervöse Blicke auf ihren Mann, als hätte sie Angst, er könnte ihr widersprechen. Vielleicht sprach sie die Wahrheit, aber daß ein altes amerikanisches Ehepaar sich für einen Ferienaufenthalt im Oktober ausgerechnet ein menschenleeres Hotel in einem von Stürmen geplagten Badeort an der Küste von Lincolnshire aussuchen sollte, schien mir reichlich unwahrscheinlich. Sie wußte, daß ich ihr nicht glaubte, aber sie war schlau genug, sich nicht auf lange Erklärungen einzulassen. Vielleicht war ihr klar, daß meine Bereitschaft, mich mit ihr zu unterhalten, von ungestillter Neugier genährt wurde.

»Es war der Wunsch meines Mannes, hierherzukommen«, sagte sie mit gesenkter Stimme, als wäre damit alles gesagt.

Der Badeort war aus der Mode und die Saison vorbei, und Mrs. Newberg fühlte sich offensichtlich einsam. Wem wäre es, auf die Gesellschaft eines wortkargen Alkoholikers beschränkt, nicht so ergangen? Gelegentlich erschien abends ein reisender Vertreter im Speisesaal, um schweigend sein Abendessen einzunehmen, bevor er zu Bett ging, aber die Gespräche mit mir waren eigentlich ihre einzige Quelle der Unterhaltung. Auf eine oberflächliche Art freundeten wir uns miteinander an. Natürlich wollte sie wissen, was mich an diesen Ort geführt hatte, aber auch ich konnte ausweichend sein. Ich sei auf der Suche nach einem Domizil, erklärte ich.

»Wie schön«, sagte sie unaufrichtig. »Aber möchten Sie sich wirklich so weit von London entfernt niederlassen?« Es war ein Vorwurf. Für sie, wie für so viele, waren Großstädte gleichbedeutend mit Leben.

»Ich mag den Lärm nicht«, bekannte ich.

Sie schaute zum Fenster, wo der Regen gegen die Scheiben prasselte. »Vielleicht ist es eher so, daß Sie keine Menschen mögen«, meinte sie.

Ich widersprach aus Höflichkeit.

»Mit dem einzelnen habe ich keine Probleme«, sagte ich mit einem Blick zu ihrem Mann, »nur mit der Masse.«

»Ja«, stimmte sie vage zu. »Mir persönlich sind Tiere auch lieber.«

Sie gab oft solche sprunghaften Antworten, und ein- oder zweimal fragte ich mich tatsächlich, ob sie vielleicht nicht ganz bei Verstand sei. Aber wenn das zutraf, wie hatten die beiden dann ihren Weg an diesen abgelegenen Ort gefunden, wo Mr. Newberg schon Mühe hatte, sich zwischen den Tischen in der Bar zurechtzufinden? Die Antwort war einfach. Das Hotel hatte ihnen einen Wagen zum Flughafen geschickt.

»War das nicht sehr teuer?« fragte ich.

»Es war im Preis inbegriffen«, sagte Mrs. Newberg mit Würde. »Der Direktor persönlich hat uns abgeholt.«

Sie schüttelte den Kopf über meine erstaunte Miene. »Das kann man ja wohl erwarten, wenn man den vollen Preis bezahlt.«

»Ich bezahle auch den vollen Preis«, sagte ich.

»Das bezweifle ich«, widersprach sie und seufzte: »Wir Amerikaner werden doch überall ausgenommen.«

In der ersten Woche ihres Aufenthalts sah ich die beiden nur einmal außerhalb des Hotelgeländes. Ich traf sie am Strand, wo sie in dicke Mäntel und wollene Schals vermummt in Liegestühlen saßen und zur stürmischen See hinausblickten, die von einem bitterkalten Ostwind aufgewühlt wurde. Ich zeigte mich überrascht, sie zu sehen, und Mrs. Newberg, die aus irgendeinem Grund annahm, meine Verwunderung beziehe sich auf die Liegestühle, erklärte, für einen kleinen Aufpreis bekomme man im Hotel alles.

»Kommen Sie jeden Morgen hierher?« fragte ich sie.

Sie nickte. »Es erinnert uns an zu Hause.«

»Ich dachte, Sie leben in Florida.«

»Ja«, sagte sie vorsichtig, als versuchte sie, sich zu erinnern, wieviel sie bereits preisgegeben hatte.

Mr. Newberg und ich tauschten ein Lächeln wie zwei Verschwörer. Er sagte selten etwas, aber wenn er sprach, dann immer mit Ironie. »Florida ist berühmt für seine Hurricanes«, bemerkte er, ehe er sein Gesicht wieder in den eiskalten Wind wandte.

Danach mied ich den Strand, weil ich keinen noch engeren Kontakt mit ihnen wollte. Es war nicht so, daß ich sie nicht mochte. Im Gegenteil, ich hielt mich ganz gern in ihrer Gesellschaft auf. Ich kannte niemanden, der so wenig neugierig war wie diese beiden, und die langen Pausen des Schweigens, die sich bei unseren Gesprächen einstellten, waren nie unangenehm. Aber ich verspürte keinerlei Verlangen, meine Tage damit zuzubringen, geselligen Umgang mit Fremden zu pflegen.

Mrs. Newberg machte eines Abends eine Bemerkung darüber. »Es wundert mich, daß Sie nicht nach Schottland gefahren sind«, sagte sie. »Ich habe gehört, daß man in Schottland stundenlang laufen kann, ohne einer Menschenseele zu begegnen.«

»In Schottland könnte ich nicht leben«, sagte ich.

»Ach so, ja. Das hatte ich vergessen.« War das eine Spitze, oder bildete ich es mir nur ein? »Sie suchen ja ein Haus.«

»Ein Domizil«, verbesserte ich sie.

»Schön, dann eine Wohnung. Spielt das eine Rolle?«

»Für mich schon.«

Mr. Newberg starrte in sein Whiskyglas. »›Das Geheimnis, um die größte Fruchtbarkeit und den größten Genuß vom Dasein einzuernten, heißt gefährlich leben‹«, murmelte er in fließendem Deutsch. »Friedrich Nietzsche.«

»Funktioniert es?« fragte ich.

Ich sah ihn lächeln, heimlich und nur zu sich selbst. »Nur wenn man Blut vergießt.«

»Wie bitte?«

Doch seine Augen schwammen in Alkohol, und er antwortete nicht.

»Er ist müde«, sagte seine Frau. »Er hat einen langen Tag hinter sich.«

Wir schwiegen, und ich beobachtete, wie Mrs. Newbergs ängstlich angespannte Gesichtszüge sich entkrampften und wieder ihren natürlicheren Ausdruck resignierter Schicksalsergebenheit annahmen. Gut fünf Minuten verstrichen, ehe sie eine Erklärung anbot.

»Er war gern im Krieg«, teilte sie mir gedämpft mit. »Wie so viele Männer.«

»Es ist der Kameradschaftsgeist«, bestätigte ich, mich erinnernd, mit welcher Wärme meine Mutter stets von den Kriegsjahren erzählt hatte. »Die Not holt das Beste aus den Menschen heraus.«

»Oder das Schlimmste«, sagte sie, den Blick auf ihren Mann gerichtet, der sich aus der Whiskyflasche nachschenkte, die jeden Abend, sobald sie leer war, durch eine neue ersetzt wurde. »Ich vermute, es kommt darauf an, auf welcher Seite man steht.«

»Sie meinen, es ist besser, zu siegen?«

»Es ist sicher eine Hilfe«, sagte sie zerstreut.

Am nächsten Tag erschien Mrs. Newberg mit einem blau geschlagenen Auge zum Frühstück. Sie behauptete, sie sei aus dem Bett gefallen und habe sich das Gesicht am Nachttisch angeschlagen. Es gab keinen Anlaß, an ihren Worten zu zweifeln, nur fiel mir auf, daß ihr Mann sich immer wieder die Knöchel seiner rechten Hand massierte. Sie wirkte elend und niedergeschlagen, und ich forderte sie zu einem Spaziergang auf.

»Ihr Mann kann sich gewiß auch mal ein Stündchen allein unterhalten«, sagte ich mit einem mißbilligenden Blick auf ihn.

Wir gingen die Promenade hinunter und beobachteten die Möwen, die unter dem Himmel dahinsegelten wie windgetriebene Stoffetzen. Mrs. Newberg setzte eine dunkle Brille auf und sah aus wie eine Blinde. Sie ging langsam und blieb in regelmäßigen Abständen stehen, um Atem zu schöpfen, Ich bot ihr deshalb meinen Arm. Sie stützte sich schwer auf ihn, zum erstenmal empfand ich sie wirklich als alt.

»Sie sollten sich nicht von Ihrem Mann schlagen lassen«, sagte ich. Sie lachte kurz, sagte aber nichts.

»Sie sollten ihn anzeigen.«

»Bei wem?«

»Bei der Polizei.«

Sie entzog mir ihren Arm und lehnte sich an das Geländer über dem Strand. »Und dann? Ein Strafverfahren? Gefängnis?«

Ich stellte mich neben sie. »Eher würde ein Gericht ihm wahrscheinlich auferlegen, sein Verhalten zu ändern.«

»Einem alten Hund kann man keine neuen Kunststücke beibringen.«

»Er würde die Dinge vielleicht mit anderen Augen sehen, wenn er nüchtern wäre.«

»Er trinkt, um zu vergessen«, sagte sie, über das Meer hinweg zu den fernen Küsten Nordeuropas blickend.

Ich zeigte Mr. Newberg von da an die kalte Schulter. Ich habe für Männer, die ihre Frauen prügeln, nichts übrig. Es änderte kaum etwas an unserer Beziehung; höchstens festigte meine Anteilnahme an Mrs. Newbergs Schicksal noch das Band zwischen uns dreien. Ich begann, die beiden ab und zu abends zu ihrem Zimmer hinaufzubegleiten, wobei ich keinen Zweifel daran ließ, daß mir Mrs. Newbergs Wohlergehen am Herzen lag. Mr. Newberg schien meine Fürsorge belustigend zu finden. »Sie hat kein Gewissen, das ihr das Leben schwermachen könnte«, sagte er einmal. Und ein andermal: »Ich habe mehr zu fürchten als sie.«

In der zweiten Woche stürzte er auf dem Weg zum Frühstück auf der obersten Treppenstufe und war tot, als er unten ankam. Es gab keine Zeugen des Unfalls. Eine Kellnerin, die das Poltern auf der Treppe hörte, kam aus dem Speisesaal gerannt und fand den stattlichen alten Mann mit weit geöffneten Augen und einem Lächeln im Gesicht rücklings am Fuß der Treppe liegend. Niemand war sonderlich überrascht, wenn es auch, wie der Hoteldirektor bemerkte, verwunderte, daß es am Morgen geschehen war, zu einer Zeit, da der alte Mann gewöhnlich am nüchternsten gewesen war. Einige Stunden später traf ein Polizeibeamter ein, um Fragen zu stellen, aber nicht, weil irgendein Verdacht auf ein Verbrechen bestand, sondern weil Mr. Newberg Ausländer war und Meldung gemacht werden mußte.

Ich leistete Mrs. Newberg in ihrem Zimmer Beistand, während sie sachte ihre Tränen abtupfte und dem Beamten erklärte, sie habe am Toilettentisch gesessen und sich zurechtgemacht, als Mr. Newberg das Zimmer verlassen hatte, um nach unten zu gehen.

»Er ist immer zuerst hinuntergegangen«, sagte sie. »Er trank seinen Kaffee gern frisch.«

Der Polizeibeamte nickte, als leuchte ihm diese Erklärung

ein, und erkundigte sich dann taktvoll nach den Trinkgewohnheiten ihres Mannes. Eine Untersuchung habe einen hohen Alkoholgehalt im Blut Mr. Newbergs ausgewiesen, berichtete er. Sie lächelte schwach und sagte, sie könne nicht glauben, daß der bescheidene Whiskykonsum ihres Mannes etwas mit seinem Sturz zu tun haben könne. Sie wies darauf hin, daß es im Hotel keinen Aufzug gab und ihr Mann seit Jahren an einer alten Beinverletzung gelitten habe. »Amerikaner sind Treppensteigen nicht gewöhnt«, sagte sie, als wäre das Erklärung genug.

Der Polizeibeamte ließ sie in Ruhe und wandte sich mir zu. Er habe gehört, daß ich mit dem Ehepaar befreundet sei. Ob ich irgend etwas zur Erhellung der Umstände des Unfalls beitragen könne. Ich vermied es, Mrs. Newberg anzusehen, die den verblaßten blauen Fleck an ihrem Auge geschickt mit Make-up kaschiert hatte. »Eigentlich nicht«, sagte ich und wunderte mich gleichzeitig, wieso mir nie die Narbe über ihrer Wange aufgefallen war, die aussah, als könnte sie von der spitzen Ecke eines Nachttischs stammen. »Er hat einmal zu mir gesagt, das Geheimnis eines erfüllten Lebens bestehe darin, gefährlich zu leben, vielleicht hat er also nicht so gut auf sich achtgegeben, wie er das hätte tun sollen.«

Er warf einen verlegenen Blick auf Mrs. Newberg. »Mit anderen Worten, er hat zuviel getrunken?«

Mein kurzes Achselzucken nahm er als Zustimmung. Ich hätte darauf hinweisen können, daß Mr. Newbergs Achtlosigkeit darin bestanden hatte, sich nicht umzusehen, aber ich konnte nicht einsehen, was das gebracht hätte. Niemand zweifelte daran, daß seine Frau zur Zeit des Unfalls in ihrem gemeinsamen Zimmer gewesen war.

Sie neigte huldvoll den Kopf, als der Beamte sich verabschiedete. »Sind englische Polizisten immer so nett?« fragte sie, schon auf dem Weg zum Toilettentisch, um sich das schöne Gesicht zu pudern.

»Immer«, bestätigte ich, »solange sie keinen Grund zu einem Verdacht sehen.«

Ein kurzer Blick aus dem Spiegel traf mich. »Was denn für ein Verdacht?« fragte sie.

## Åke Edwardson
## Ein zweites Leben

Im Landesinneren war es noch heißer, als hätte die Hitze hier ihre Quelle. Er konnte aber immer noch die Nähe des Meeres spüren, als er aus dem Wagen stieg, ein salziger Duft in dem Wind, der aus Westen kam. Es war später Nachmittag und die Sonne versank hinter dem Wald, der hinter dem Ort begann, in dem er aufgewachsen war, mit diesem Wind aus dem Westen, dem Salzduft und der Sehnsucht nach dem Meer. Die vielleicht noch weiter reichte.

Er war seit zwanzig Jahren nicht mehr hier gewesen. Alles war unverändert, aber in anderen Proportionen, kleiner. Er hatte seinen Wagen am Bahnhof abgestellt und ging von dort zu Fuß los. Der Vorortzug fuhr hinter seinem Rücken. Die Ortsmitte hatte sich nicht verändert, aber das Haus, in dem er aufgewachsen war, hatte man umgebaut. Oder hatten sie es sogar abgerissen und ein anderes an seiner Stelle gebaut? Es gab niemanden mehr hier, den er kannte. Seine Eltern waren schon lange tot.

Neue Menschen lebten dort drinnen, andere Stimmen in den neuen Zimmern.

So ist es mit dem Leben, dachte er, und solche Gedanken kamen ihm hin und wieder. Alles wird abgerissen, und dann muß man versuchen, es wieder aufzubauen, und das ist nicht einfach. Das kann schief und krumm werden, wenn man sich nicht anstrengt. Und manchmal genügt auch das nicht.

Es gab eine Erklärung dafür, warum er während all der Jahre nie zurückgekommen war. Es gab einen Grund dafür, warum er jetzt zurückkam. Nein. Sozusagen teilweise einen Anlaß. Oder war es doch der Grund. Plötzlich konnte er nicht mehr klar denken. Die Erinnerungen umgaben ihn genau wie die Hitze, die sich schwer und klebrig anfühlte.

Er wußte, daß die zähe, schwere Ruhe, die wie eine Daunendecke über dem Ort lag, allein auf Grund seiner Ankunft in Fetzen zerrissen werden konnte. Hier gab es ein schreckliches Geheimnis, und er war Teil davon. Hier gab es ein Geheimnis, das immer noch nicht gelöst war. Er was das letzte Puzzleteilchen.

Die wenigen Gesichter im Café waren fremd. Sonderbarerweise schienen mehr Leute zu gehen, als zu kommen. Die meisten sind anscheinend auf dem Weg von hier fort, dachte er. Das ist immer das gleiche in allen kleineren Orten, die im Schatten größerere Städte liegen. Er trank seinen Kaffee und wartete. Alles hatte etwas Zufälliges an sich. Der Schatten der großen Stadt fiel auf das Land im Inneren und die, denen es möglich war, zogen Richtung Westen aus dem Schatten, um zum Schluß in das strahlende Licht über dem Meer zu kommen. Er schmunzelte und schaute in seine Tasse. Er hörte eine Stimme und schaute auf.

»Ich traue meinen Augen nicht.«

Er gab keine Antwort.

»Als ich deine Stimme am Telefon gehört habe, dachte ich, es wäre ein Scherz.« Sie stand immer noch an seinem Tisch. »Ein schlechter Scherz.«

»Willst du dich nicht setzen?«

»Nein.«

»Nun komm schon, Britt.«

»Ich sollte eigentlich gar nicht hiersein«, sagte sie und schaute auf den leeren Stuhl vor sich. Sie setzte sich.

»Willst du einen Kaffee?«

»Ich will eine Erklärung.«

»Deshalb bin ich hier. Aber ich weiß nicht viel mehr als du.«

Er hatte ihr gesagt, daß er sie treffen wolle, daß es äußerst wichtig sei. Etwas Neues sei eingetroffen, nach so langer Zeit. Alles war lange Zeit her, aber nichts hatte ihn zur Ruhe kommen lassen. Ich muß zur Ruhe kommen, hatte er oftmals gedacht. Das muß ein Ende haben.

Er hatte sie angerufen, mehr als einmal. Es war, als hätte er bei ihr Trost gesucht. Das war ein paarmal im Jahr vorgekommen. Und in letzter Zeit mehrmals. Du mußt aufhören, hatte sie gesagt. Du mußt aufhören, Peter. Du mußt. Wir müssen vergessen. Du mußt einen Schlußstrich ziehen, hatte sie gesagt.

»Wir sollten hier nicht sitzen«, sagte sie und schaute sich um.

»Siehst du jemanden, den du kennst?«

»Es gibt immer jemanden, der mich kennt.«

»Bist du so bekannt?«

»Du hast offenbar vergessen, wie es ist, an so einem Ort zu wohnen?«

»Ja.«

»Dafür solltest du dankbar sein.«

Er erwiderte nichts.

»Aber vielleicht ist das trotzdem der beste Treffpunkt hier.« Sie schaute sich wieder um. »Der anonymste.«

»Ja«, sagte er.

»Und?« Sie schaute ihn an. »Warum bist du hergekommen?« Es gab keine Wärme in ihrem Blick. »Du hast doch versprochen, nie wieder herzukommen.« Sie machte eine Handbewegung, und er sah den Ring an ihrem Finger. Ihr

Mann. Er wußte nicht, wie lange die beiden schon zusammen waren.

»Hast du etwas zu deinem … Mann gesagt von uns … daß du mich hier triffst?«

»Denkst du, ich bin bescheuert?«

Er schüttelte den Kopf.

»Warum bist du hier?« wiederholte sie.

»Ich habe einen Brief gekriegt.«

Sie wartete. Es waren nur noch wenige Gäste im Café. Der Nachmittag war in den Abend übergegangen im Sommerlicht, das durch das Fenster zu sehen war. Die Straße draußen war menschenleer. Das Licht war blau in der Mittsommerhitze. Er sah sie an. Sie schien in ihrer weißen Bluse zu frieren. Ihr Gesicht war unverändert, es schien, als wäre überhaupt keine Zeit vergangen, wenn er sie ansah. Dabei war fast ein Vierteljahrhundert vergangen, aber er hätte sie sofort wiedererkannt. Er hatte im vergangenen Jahr jeden Tag an sie gedacht. Das waren viele Tage gewesen. Er wußte, daß sie ihn kaum wiedererkannte. Das Haar. Der Bart. Die Kleidung, die anders als üblich war. Wenn sie ihn auf der Straße gesehen hätte, hätte sie bemerkt, daß er einen anderen Gang hatte. Niemand hatte ihn wiedererkannt. Niemand.

»Und?« fragte sie.

»Das war kein richtiger Brief«, sagte er, schob seine Hand in die Innentasche seiner Jacke und holte einen Umschlag heraus, den er ihr reichte. Sie nahm ihn entgegen, schaute nach unten auf das Papier und dann wieder auf ihn.

»Du kannst ihn herausholen«, sagte er.

Sie waren jetzt die einzigen Gäste im Café.

Sie zog einen Zeitungsausschnitt heraus.

»Das ist eine Kontaktanzeige«, sagte er.

»Das sehe ich.«

Sie sah ihn wieder an.

»Hast du gelesen?«

Sie schaute ihn an, gab aber keine Antwort.

»Hast du gelesen?« wiederholte er.

Sie nickte, ohne zu antworten.

Er gab leise wieder, was sie gelesen hatte: »FÜR PETER UND BRITT ZUM GEDENKTAG. LIEBE GRÜSSE VOM WEIHER.«

Jetzt sah sie aus, als wäre sie aus Eis. Ihre Haut war fast so weiß wie ihre Bluse.

»Wo ... wo stand das? Und wann?« fragte sie, ohne ihn anzusehen. Sie hatte den kleinen Ausschnitt wieder in den Umschlag geschoben.

»Das steht auf der Rückseite«, sagte er.

Sie zog den Zeitungsausschnitt noch einmal heraus und las das Datum, das handschriftlich auf der Rückseite vermerkt war. Darunter stand »GP«.

»Ich ... ich verstehe nicht«, sagte sie und schaute ihn wieder an.

»Ich verstehe nicht, Peter. Hast du das Datum geschrieben?«

»Nein.«

»Nein?«

»Ich habe den Ausschnitt in einem Umschlag gekriegt, der in Göteborg abgestempelt war, und da sah er schon so aus wie jetzt.« Er schaute sich um und sah sie dann wieder an. »Jemand will sichergehen, das ich das gelesen habe.«

»Jemand?«

Er gab keine Antwort. Er wußte, woran sie dachte. Sie dachte an die gleiche Sache wie er. Das gleiche Gesicht.

»Mein Gott«, sagte sie.

»Ich habe das natürlich erst einmal nachgeprüft«, sagte er mit so ruhiger Stimme, daß er selbst verwundert war. »War in der Bibliothek. Die Anzeige war an dem Tag drin, in der Göteborgs-Posten.«

Sie schien nicht zuzuhören.

»Erinnerst du dich an das Datum?« fragte er und beugte sich näher zu ihr hinüber. Sie schien ihn gar nicht zu hören, schien direkt durch ihn hindurchzusehen. »Das Datum? ›Der Gedenktag‹?«

Etwas schnappte in ihrem Blick zu, und sie kam zurück von dort, wo sie gewesen war, und schaute ihn wieder an. Er wußte, wo sie gewesen war.

»Das kann etwas ganz anderes gewesen sein«, sagte sie. »Der reine Zufall. Mein Gott, wir sind doch nicht die einzigen Peter und Britt auf der ganzen Welt, oder?«

»Ich habe versucht, mir das auch einzureden«, sagte er.

»Dann mach es weiter«, sagte sie, »und ich mache es auch.«

»Da ist noch was anderes«, fuhr er fort.

»Sag es nicht«, erwiderte sie. »Wenn du es sagst, gehe ich sofort weg.«

»Der Weiher«, sagte er. Er mußte es einfach sagen.

Sie stand auf und ging.

Sie weiß, wo ich bin, dachte er. Sie wird dort hinkommen.

Die Sonne war untergegangen, aber das Licht war noch da. Es war zwischen die Nadelbäume gefallen und hatte einen dumpferen Ton angenommen, aber es war noch da, als er den Waldweg entlangfuhr, der trocken und fest war, da es seit mehreren Wochen nicht geregnet hatte. Er hatte die Scheibe heruntergekurbelt und sog die Gerüche ein, die tausendfach aufzutreten schienen, seit die Sonne untergegangen war. Er stellte den Wagen unter den Baum, der zu siamesischen Zwillingen herangewachsen war, nachdem er ihn in jungen Jahren gespalten hatte. Als er selbst noch klein gewesen war, hatte er in dem Spalt gesessen, den Wald betrachtet und sich gewundert, wie dunkel der doch war.

Den Pfad gab es noch. Er schlängelte sich immer noch in gleicher Weise dahin: links, rechts, wieder rechts, links, ein Stückchen geradeaus, links. Die Hütte stand noch da und sah aus wie früher. Er wußte nicht, ob sie immer noch ihrer Familie gehörte.

Das Fenster war schwarz. Er ging vorbei, ohne die Türklinke zu kontrollieren. Er wollte nie wieder dort hineingehen. Er hatte nie wieder hierherkommen wollen, auf diesem Pfad, und er hatte *niemals* weitergehen wollen zum Wasser hinunter, das zwischen den Bäumen blinkte.

Der Weiher.

Er hörte jetzt einen Seetaucher von dort. Er ging bis ans Ufer. Ein Nebel lag auf dem Wasser. Der Weiher war größer, als er ihn in Erinnerung hatte, vielleicht war er in den letzten zwanzig Jahren auch zu einem See ausgewachsen. Doch wahrscheinlich war das nicht. Aber er wollte sich an diesem Punkt nicht seinen Erinnerungen nähern. Sie hatten ihn hierhergeführt, aber er wollte sie nicht zulassen.

Er registrierte die Gerüche am Wasser, sie waren ganz anders als die in der Stadt. Dort waren die Gerüche trocken, kräftig und klar wie das Meereswasser. Hier waren sie dunkel und voller Moder und trüb wie das schwarze Wasser, in das er hineinschaute, nur ein paar Meter vor seinen Füßen.

Die Erinnerungen kamen.

Sie waren in der Hütte gewesen. Britt und er waren dort drinnen gewesen, und sie waren nackt gewesen, und es war das zweite Mal. Sie hatte kein Recht dazu gehabt und er auch nicht. Niemand kam hierher. Sie konnten voneinander nicht lassen. Sie hatte gesagt, daß sie wußte, daß sie ihm gehörte und daß er ihr gehörte, aber sie hätte es immer noch nicht ihrem Verlobten sagen können. Aber jetzt habe sie begriffen. Sie wollte das erzählen, was niemand wußte. Ich traue mich, hatte sie gesagt. Ihr Verlobter war gewalttätig. Einer dieser hochgewachsenen, gewalttätigen, großmäuligen Männer, die die schönsten Frauen wie ein Magnet an sich zogen, aber diesmal würde er sich von *ihm*, von Peter geschlagen geben müssen, und innerlich jubelte er, während gleichzeitig Angst in ihm aufstieg davor, was passieren könnte, wenn das Geheimnis offenbar wurde. Er hatte sie wieder liebkost.

Er stand am Weiher und erinnerte sich an diese Berührung. Er drehte sich zur Hütte um, die in der Sommernacht leuchtete. Bald würde es dunkel sein, für eine kurze Weile, barmherzige Dunkelheit.

Er hatte sie liebkost. Sie hatten draußen ein Geräusch gehört. Ein Busch, der auf dem Pfad knackte. Damals war es Mittsommer gewesen, genau wie jetzt. Noch ein Geräusch, trocken und spröde. Sie hatten Schritte gehört, zweifellos Schritte, Schritte auf dem Pfad und Schritte hoch zum Haus und *Tritte* gegen die Tür und eine Stimme, die schrie, *seine* Stimme, das hier war nunmehr alles andere als ein Geheimnis, und er hatte gespürt, wie sie in seinen Armen zitterte, und er hatte die Tritte gegen die Tür gehört und durch die Dunkelheit gesehen, wie das Holz zersplitterte, und er war aufgestanden, ohne Kleider, die Kleidung hatte irgendwo unter dem Bett gelegen, das Holz in der Tür war zerbrochen, und der Mann da draußen hatte wie ein Wahnsinniger geschrien, und Britt hatte angefangen zu weinen, *er wird uns umbringen,* hatte sie geschluchzt, und er hatte gespürt, wie das Blut in seinem Körper rauschte, als würde es verzweifelt irgendwo im Körper nach einem Ort suchen, wo es Schutz vor den Schlägen finden könnte, die kommen würden, wenn der da draußen sich durch die Tür geschlagen und getreten hatte.

Dann war alles ganz schnell gegangen.

Er hatte eine Bewegung hinter sich gespürt und etwas in seiner Hand gefühlt. Das war hart und kalt gewesen. »Das habe ich gefunden«, hatte sie gesagt. Er wußte nicht, was es war, aber es war schwer und scharf, und als der Wahnsinnige sich durch die Reste der Tür gezwängt hatte, hatte er schon bereit gestanden und das schwere Teil gehoben und direkt nach vorn geschleudert und die Vibrationen in seiner Hand gefühlt, als es traf, irgendwo in Gesichtshöhe, die Waffe, die er mit aller Kraft geschwungen hatte, hatte sich in den anderen verkeilt und war aus Peters Hand gerissen worden, als der Körper zu Boden fiel.

Es war kein Leben mehr in dem Körper gewesen, als er zu Boden fiel.

Das folgende war wie in einem Traum vor sich gegangen, dem man von außen zusieht. Sie war die Stärkere gewesen. Sie wußte gleich, was sie tun mußten. Er hatte zwar mehr tragen können als sie, aber sie hatte ihm gesagt, was er tun mußte.

Der Teich war da. Der Teich hatte alles in sich verborgen. Er hatte nicht gedacht, daß er in der Lage wäre, so schwere Steine zu heben und sie über *das* zu legen.

Als sie fertig waren, wußte er, daß der Weiher sein Geheimnis bewahren würde.

Am nächsten Tag war er abgereist. Ihre gemeinsame Zukunft war zerstört, auch wenn niemand wußte, was geschehen war. Das war ihnen unmittelbar danach klar. Sein Leben hatte an diesem Tag aufgehört.

Da war es zu Ende, dachte er, als er jetzt hier stand und aufs Wasser und versinkende Pflanzen starrte und meinte, die Stimmen der Seevögel wieder zu hören.

Jetzt will ich mein Leben zurückhaben. Ich will frei sein.

Den Gedanken hatte er in den letzten Jahren in sich getragen. Es hatte begonnen wie ein Splitter, gegen den er sich gewehrt hatte, aber er konnte ihn nicht abschütteln.

Als er erfuhr, daß Britt sich gegen das Alleinsein entschieden hatte und nun mit einem Mann zusammenlebte, war er von einer Art Schrecken erfaßt worden. Sie würde nicht für alle Zeit schweigen können.

Und wenn das Geheimnis einem anderen weitergegeben worden war, gab es kein Halten mehr. Das Puzzle würde fertiggestellt werden.

Er wollte ein neues Leben anfangen, und so langsam war ihm klargeworden, daß es dafür nur eine Möglichkeit gab.

Sie mußte ihr Leben dafür opfern, damit er endlich wieder leben konnte. Sie stand seinem Leben im Weg, und wenn sie fort war, war auch das Geheimnis fort.

Er hatte versucht, die schrecklichen Gedanken beiseite zu schieben, aber das war ihm nicht gelungen. Er hatte überlegt, daß er es ja schon einmal gemacht hatte ... damals. Sie bedeutete ihm nichts mehr, oder zumindest nicht mehr als sein eigenes Leben. Das versuchte er sich einzureden.

Es war ihre Schuld gewesen. Sie hatte ihm ... die Waffe gegeben, die jetzt auf dem Grunde des Weihers lag, der leicht im Mondschein zu glänzen begann, während er am Ufer stand. Der Brief hatte ihm die Möglichkeit gegeben, auf die er gewartet hatte. Sonst hätte er nie hierherkommen können, hätte nie einen Grund gehabt. Sie hätte ihn nie empfangen.

Er hatte lange darüber nachgedacht, wie er die Worte formulieren sollte. Nicht zuviel, nicht zuwenig. Glaubwürdig. Es mußte glaubwürdig sein. Dann hatte er die Anzeige aufgegeben, sie ausgeschnitten und sich selbst geschickt. Er hatte vor kurzem die Unruhe in ihrem Blick gesehen, im Café. Er hatte es geschafft.

Der Weiher glänzte. Er meinte einen Zug in der Ferne zu hören. Der Seetaucher schrie wieder, aber es klang wie von einer anderen Wasserstelle. Es roch jetzt sanfter, besser. Er konnte sich ein wenig entspannen.

Er fühlte das Messer, das er in einem Halfter unter der Achselhöhle trug.

Er überlegte, wann sie wohl kommen würde. Er wußte, daß sie kommen würde. Soweit kannte er sie.

Jetzt fühlte er sich ruhig. Er wußte, daß er das hier tun mußte, heute nacht, und daß er es schaffen würde, ohne daß der Verdacht auf ihn fiel. Er *wußte* es einfach.

Niemand hatte ihn in dem trägen Ort erkannt. Morgen würde er seinen Bart abrasieren, das Haar schneiden, seine normalen Kleider wieder anziehen und ganz normal gehen.

Plötzlich lächelte er. Er fühlte das Messer unter dem Arm.

Er hörte ein sprödes Knacken vom Weg. Noch ein Knakken. Jemand ging dort. Vielleicht hörte er sogar eine Stimme, die seinen Namen ganz leise aussprach. Er ging auf das Geräusch zu. Ging zur Hütte. Sie stand auf der Veranda, wie beim letzten Mal, in dem ersten Leben.

»Du bist gekommen«, sagte er.

»Hast du etwas anderes erwartet?«

»Nein.«

»Also, was passiert nun?« fragte sie.

»Ich weiß nicht«, sagte er und kam näher. Sie bewegte sich nicht.

»Und du hast keine Ahnung, wer diese Anzeige aufgegeben haben könnte?« fragte sie. Er meinte ihre Zähne in ihrem Gesicht aufblitzen zu sehen.

»Natürlich nicht«, sagte er. Jetzt, dachte er. *Jetzt.* Ich mache fünf Schritte – und dann ist es vorbei. Ich habe es schon einmal gemacht. Fünf Schritte, eins, zwei …

»Jedenfalls war es gut so«, sagte sie.

Er blieb beim zweiten Schritt stehen.

»W… wieso?«

»Es mußte ein Ende haben«, sagte sie, und ihm war, als ginge sie auch einen Schritt vor. »Ich glaube, ich habe inzwischen so normal gelebt, wie man es nur erwarten kann, aber dann hast du von dir hören lassen. Ich habe dir immer wieder versucht zu erklären, daß das nicht geht, aber du wolltest nicht zuhören, Peter. Oder nicht verstehen.«

»W… wieso«, widerholte er. Er hatte immer noch nicht den entscheidenden dritten, vierten und fünften Schritt gemacht.

»Du selbst hast uns dazu getrieben«, sagte sie. »Ich habe dich gebeten. Ich habe versucht, es dir begreiflich zu machen. Aber du konntest es nicht begreifen. Oder du wolltest nicht.«

*Jetzt.* Er machte noch einen Schritt. Er konnte sie nun fast berühren.

»Bisher bedeutete das Leben nichts für mich, aber jetzt habe ich … wieder Lust am Leben gekriegt«, sagte sie. »Doch ich glaube, auch das verstehst du nicht. Aber ich kann dir nicht länger … vertrauen, Peter. Das Geheimis ist nicht mehr sicher. Verstehst du, was ich sage?«

Besser, als du glaubst, dachte er. Er schob seine Hand in die Jacke und umfaßte den Griff des Messers. »Lebe wohl, Bri...«

Die Schritte eines Mannes, der hinter dem Hüttengiebel hervortrat.

»Du bist hergekommen, Peter.« Sie sah ihn an und schräg zur Seite zu dem Mann, der näher kam, wie ein großer Panther. Er war schwarz wie ein Panther in dem Schatten. »Du bist derjenige, der gekommen ist. Du hast angerufen. Du hast in der Vergangenheit gebohrt, immer wieder. Hast alles wieder aufgewühlt.«

Er schaute sie und den Mann an, immer abwechselnd. »Hast du selbst die Anzeige aufgegeben, Peter?«, fuhr sie fort.

»W ... wieso?«

»Ich will das wissen. Hast du die Anzeige aufgegeben?«

Er dachte nach. Er brauchte das Messer nicht zu zeigen. Er konnte von hier fortgehen, ohne daß sie es wußte. Wenn er zugab, daß er die Anzeige aufgegeben hatte, würde sie begreifen, daß er sie unbedingt treffen wollte und vielleicht wieder mit ihr leben wollte, daß sie ihm deshalb glauben konnte. Sie würde das glauben, was ja wirklich die Wahrheit war, aber er würde ihr nicht die ganze Wahrheit sagen.

Er würde eine zweite Chance haben, bald. Und dann würde sie ihren Panther mit dorthin nehmen, wohin sie gehen sollte. Du kannst nichts dorthin mitnehmen, aber ihr könnt gemeinsam dorthin gehen, dachte er. Der Panther war jetzt eingeweiht. Peter war klar, daß sie ihm alles erzählt hatte.

»Ja«, sagte er.

»Du selbst hast die Anzeige aufgegeben?«

»Ja. Ich wollte unbedingt die Möglichkeit haben, dich zu treffen.«

Er konnte die Erleichterung in ihrem Gesicht sehen. Es gab keine dritte Partei. Er sah, daß sie das dachte. Keinen Zeugen aus der Vergangenheit. Er sah, wie sie dem Panther zunickte, als der näher kam.

Jetzt war es vorbei. Jetzt konnte er gehen. Er zog seine Hand aus der Innentasche und machte einen Schritt zur Seite.

»Leb wohl, Peter«, sagte sie, und er sah eine schnelle Bewegung von der Seite. Etwas traf ihn im Gesicht. Alles wurde rot in seinem Kopf, und er spürte, wie er hochgehoben und dann heruntergelassen wurde, er spürte, wie er in etwas versank, das schwarz und naß war – und dann spürte er gar nichts mehr.

## Doris Gercke
## Der Rest von etwas

Es ist falsch gewesen, die Veranstaltung zu besuchen, dachte die Frau.

Sie war, um dem ungewohnten Alleinsein zu entgehen, in die nahe gelegene Kreisstadt gefahren und hatte eine der dort hin und wieder abgehaltenen Dichterlesungen besucht.

Nein, nicht falsch, dachte sie, nur vollkommen sinnlos.

Sie fuhr langsamer und versuchte, die Schönheit der hellen Nacht zu erfassen. Solcher Nächte wegen, *auch* solcher Nächte wegen, waren sie vor Jahren aus der Stadt aufs Land gezogen. Sie war sicher, daß dies eine der schönsten Sommernächte war, die sie bisher gesehen hatte, aber die Schönheit bedeutete nichts mehr. Genauso wie der Mann, mit dem sie zusammenlebte, nichts mehr für sie bedeutete.

Sie fuhr noch langsamer, während sie darüber nachzudenken begann, seit wann sich ihre Gefühle geändert hatten. Als ihr klar wurde, daß sie die Veränderung schon lange gespürt, aber nicht hatte wahrhaben wollen, verzog sie verächtlich den Mund. Sie hatte sich etwas vorgemacht, und es war Zeit, damit aufzuhören.

Vom Verlag, für den sie bisher gezeichnet hatte, war die Kündigung gekommen. Ihre Zeichnungen waren nicht mehr modern genug. Der Mann, mit dem sie zusammenlebte, hatte vor ein paar Wochen seinen Job verloren. Das Haus, das ihnen gemeinsam gehörte, war noch nicht bezahlt. Sie würden sich etwas einfallen lassen müssen, wenn sie ein Dach über dem Kopf behalten wollten.

Weshalb gehst du nicht deiner Wege, dachte sie.

Aber der Gedanke war kraftlos. Sie hatte ihre Kraft verbraucht, um die Illusion der großen Liebe aufrechtzuerhalten. Es war nichts mehr da für einen neuen Anfang, und das war ihr klar.

Sie überlegte, ob sie das Radio einschalten sollte, verwarf den Gedanken und öffnete statt dessen ein Fenster. Die Nachtluft war warm, und die Landschaft um sie herum, der Mond über dem Waldrand, die niedrigen Rosenhecken neben dem Straßengraben, die reglosen Kornfelder hinter den Hecken gaben ihr das Gefühl, sie sei allein auf der Welt. Sie dachte daran, daß sie auch allein sein würde, wenn sie nach Hause käme. Der Mann war weggefahren, um sich in den großen Städten nach einem Job umzusehen.

Er ist zu alt, dachte sie, er wird nichts finden. Wir werden uns etwas einfallen lassen müssen.

Unwillkürlich gab sie ein wenig mehr Gas. Sie wollte nach Hause. Sie wollte sich an das geöffnete Fenster des Ateliers setzen und die Nacht betrachten, so, wie sie es früher gemeinsam gemacht hatten. Fast schien es ihr, als könnte der Blick über die nächtlichen Felder ihr Trost geben.

Bis zu ihrem Haus waren es nur noch wenige Kilometer. Da sie den Weg sehr genau kannte, sah sie die dunklen Umrisse des Blechhaufens neben der Straße sofort. Sie fuhr langsamer.

Offenbar war da vorn ein Auto verunglückt, jemand hatte die Kurve nicht gekannt und war zu schnell gefahren. Der Gedanke, Hilfe leisten zu müssen, war ihr zuwider. Aber sie war noch nicht abgestumpft genug, um einfach vorbeizufahren. Sie hielt dicht neben dem Blechhaufen, der halb im Graben lag, ließ die Scheinwerfer an und stieg aus. Das Ding vor ihr war ein Cabrio gewesen. Die beiden Männer, die damit gefahren waren, hatten sich um den Bügel des Wagens gewickelt. Sie waren tot. Es war nicht mehr nötig, ihnen zu helfen.

Die Frau ging noch einen Schritt näher heran, während sie überlegte, daß die Männer sehr schnell gefahren sein mußten. Sie versuchte zu erkennen, woher der Wagen kam, konnte aber kein Nummernschild entdecken. Dann sah sie den Blechkoffer. Er war zwischen dem Beifahrersitz und der Wagentür eingeklemmt. Der Metalldeckel war so eingedrückt, daß die Ecken hochstanden. In dem Koffer war Geld.

Die Frau trat in den ausgetrockneten Graben und versuchte, die Wagentür mit Gewalt aufzureißen. Sie fiel dabei gegen die Böschung, denn die Tür ließ sich leicht öffnen. Leicht fiel auch der zerbeulte Koffer vor ihre Füße. Der Deckel löste sich nicht. Sie nahm den Koffer auf, warf einen kurzen Blick auf die Toten und ging zurück zu ihrem Auto. Sie legte den Koffer auf den Rücksitz und fuhr los. Sie fuhr so langsam wie vorher, die nächtliche Landschaft war schön und still wie vorher, aber mit ihr geschah etwas Entscheidendes, und sie wußte es.

Zu Hause schaltete sie die Scheinwerfer und die Beleuchtung über der Eingangstür aus, bevor sie den Koffer ins Haus trug. Sie legte ihn in der dunklen Küche auf den Tisch, zog die Vorhänge zu und schaltete erst dann eine kleine Lampe über dem Herd an. In dem Koffer waren achthunderttausend Mark in unterschiedlich großen Scheinen und zwei kleine Tüten mit weißem Pulver, das sie für Rauschgift hielt und sofort wegwarf. Dann saß sie neben dem Küchentisch, sah auf die Geldscheine und dachte nach.

Das Geld stammte aus illegalen Geschäften. Niemand war dabeigewesen, als sie es gefunden hatte. Das Geld gehörte ihr. Sie konnte damit tun, was sie wollte. Aber zu ihrem Erstaunen dachte sie kaum an das Geld und was sie damit tun würde. Sie dachte an den Mann, der zu alt war, um wieder einen Job zu finden, an die Jahre, die sie miteinander verbracht hatten, daran, daß die Liebe langsam erloschen war und daß sie zu müde war, um allein wegzugehen.

Wir werden ohne Sorgen nebeneinander leben können, dachte sie.

Sie stand auf, stapelte das Geld zurück in den Koffer, verzichtete darauf, den zerbeulten Deckel darüberzudecken, und trug den Koffer nach oben ins Atelier. Sie machte kein Licht an, legte den Koffer auf den Zeichentisch, öffnete ein Fenster und setzte sich auf den Sessel davor. Der Mond war verschwunden, aber die Nacht war hell, eine dieser norddeutschen Sommernächte, die nie wirklich dunkel werden, und die Frau sah ruhig aus dem Fenster und spürte so etwas wie eine ferne Erinnerung an die Kraft, die sie früher einmal gehabt hatte.

Wenig später hörte sie Motorengeräusch. Das Geräusch kam näher. Es gehörte zu einem niedrig fliegenden Hubschrauber, der so dicht über das Dach des Hauses flog, daß das Geräusch unerträglich laut wurde und sie aufstand und das Fenster schloß.

Der Hubschrauber entfernte sich. Sie ließ den Koffer mit dem Geld auf dem Tisch stehen und legte sich auf das Sofa im Atelier. Sie war nicht sicher, ob sie schlafen konnte, aber sie wollte es versuchen.

Dann kam der Hubschrauber zurück. Er flog den gleichen Kurs wie beim erstenmal, und während er über dem Haus war, fühlte sie, wie das Sofa unter ihr bebte. Bevor er zum dritten Mal über das Dach flog, stand sie auf und stellte sich hinter den Vorhang. Während das Dröhnen über ihr zunahm, sah sie im Graben neben der Straße einen Mann, der sich eng an den Boden drückte und reglos dalag. Sie hätte ihn nicht entdeckt, wenn er nicht den Kopf gewendet hätte, um sein Gesicht vor dem anfliegenden Hubschrauber zu verbergen. Der Hubschrauber entfernte sich und kam nicht zurück.

Der Mann blieb noch eine Weile liegen, stand dann auf, sah die Straße entlang und zum Haus hinüber, bevor er leise und schnell die Straße überquerte und auf ihr Auto zulief. Der Mann war klein und drahtig und trug keine Schuhe. Obwohl er zielsicher auf das Auto zugelaufen war, fand sie, daß er einen verstörten Eindruck machte. Jetzt beugte er sich nieder, um einen Blick auf das Nummernschild zu werfen, richtete sich auf und lief am Auto vorbei auf den Hof. Sie konnte ihn nun nicht mehr sehen.

Die Frau blieb hinter dem Vorhang stehen und überlegte.

Die Männer in dem verunglückten Wagen waren zu dritt gewesen. Der da unten war davongekommen, hatte sich die Nummer ihres Wagens gemerkt und war ihr gefolgt. Der Hubschrauber konnte nur mit der Polizei zu tun haben. Vielleicht waren die Männer zu schnell gefahren, weil sie Angst vor Verfolgern gehabt hatten. Von dem Hubschrauber ging keine Gefahr aus; offenbar hatte er die Suche auch aufgegeben. Die Gefahr war der Mann auf dem Hof. Er wollte das Geld, und sie würde es behalten. Da sie damit rechnen mußte, daß er bewaffnet war, blieb ihr nur die Möglichkeit, ihn zu töten, bevor er eine Gelegenheit haben würde, seine Waffe zu gebrauchen.

Barfuß und ohne ein Geräusch zu verursachen, trat die Frau an den Zeichentisch, tastete kurz mit den Händen über die Platte und nahm die Papierschere auf. Während sie das

Atelier verließ und vorsichtig die Treppe hinabzusteigen begann, hörte sie den Mann am Schloß der Küchentür kratzen. Die Küche ging auf den Hof hinaus. Offenbar versuchte er, von dort aus in das Haus einzudringen. Sie wußte nicht, wie geübt der Mann darin war, verschlossene Türen zu öffnen. Aber die Küchentür hatte nur ein einfaches, altes Schloß, das auch einem ungeübten Einbrecher kaum Schwierigkeiten machen würde. Sie mußte sich beeilen. Schnell und geräuschlos ging sie die Treppe hinunter. Noch immer vernahm sie das kratzende Geräusch. Sie erreichte die Tür, preßte sich an die Wand und wartete.

Jetzt hatte er das Schloß geöffnet. Er wartete einen Augenblick, bevor er die Klinke herunterdrückte. Offenbar wollte er prüfen, ob im Haus alles ruhig blieb. Die Frau fühlte ihr Herz schwer und gleichmäßig klopfen, während sie zusah, wie die Türklinke sich nach unten bewegte. Sie faßte die Schere fester und sah ruhig zu, wie die Tür langsam geöffnet wurde. Sie sah die Hand, die eine Schußwaffe hielt, den Arm, den vorgebeugten Kopf, den Oberkörper – sie stach zu, als der Mann in gebückter Haltung an ihr vorübergehen wollte. Sie stach ihn in den Rücken, behielt die Schere in der Hand, als er fiel, und stach noch zweimal zu, als er auf dem Boden lag. Im Fallen hatte er einen Stuhl umgerissen. Das Geräusch des auf den Steinfußboden stürzenden Stahles war das einzige, das sie vernahm. Es kam ihr sehr laut vor.

Sie erhob sich, als ihr bewußt wurde, daß sich ihre Knie auf dem Rücken des reglosen Mannes befanden. Durch die offenstehende Küchentür war das Geräusch des Hubschraubers zu hören, das aber nicht näher kam.

Es war nicht einfach, den Mann zu beseitigen, obwohl er wenig Gewicht hatte. Sie hätte die Leiche am liebsten zu den beiden Toten neben das Auto gebracht, aber es war klar, daß seine Verletzungen nicht von einem Unfall stammen konnten, und es lag ihr daran, eine Untersuchung seines Todes zu vermeiden. Einen Augenblick überlegte sie, ob sie die Polizei rufen und behaupten solle, sie habe einen Einbrecher in Notwehr getötet. Aber sie traute sich nicht zu, deren Fragen unbefangen zu beantworten, und fürchtete, die Polizei auf die Spur des Geldes zu bringen. Deshalb beschloß sie, die Leiche des Mannes in einem entlegenen Teil des Gartens zu vergraben.

Nicht gerade unterm Birnbaum, dachte sie und lächelte ein klein wenig, während sie den Körper in einer Schubkarre durch den Garten fuhr.

Sie hatte überhaupt keine Schuldgefühle, nur Angst, daß der Hubschrauber zurückkommen und die Besatzung sie in der Morgendämmerung graben sehen könnte. Sie hörte auch noch zweimal in der Ferne ein Hubschrauber-Geräusch, aber es kam nicht näher, und sie konnte ihre Arbeit ungestört beenden. Sie duschte lange, zog anschließend den größeren der beiden Bademäntel an, die neben der Dusche hingen, ging wieder hinüber in ihr Atelier, öffnete das Fenster und sah, in den weiten Bademantel gehüllt, zu, wie die Sonne aufging. Sie war überhaupt nicht müde.

Gegen neun klingelte das Telefon. Der Mann rief jeden Morgen um diese Zeit an. Danach verließ er das Hotel, um irgendwelche Firmen aufzusuchen und nach Arbeit zu fragen. Sie hatten die Liste der Firmen gemeinsam zusammengestellt, und sie wußte, daß er schon mehr als die Hälfte ergebnislos aufgesucht hatte. Seine Stimme klang müde, obwohl er gerade erst aufgestanden war.

Komm nach Hause, sagte sie. Wir werden uns etwas anderes überlegen.

Er war überrascht und auch erleichtert.

Soll ich uns etwas Schönes zu essen mitbringen? fragte er.

Nein, sagte sie, laß nur. Es sind noch Reste da, das wird reichen.

Dann zog sie den Bademantel aus und begann, sich anzuziehen.

## Roald Dahl
## Die Wirtin

Billy Weaver hatte London nachmittags mit dem Personenzug verlassen, war unterwegs in Swindon umgestiegen, und als er in Bath ankam, war es etwa neun Uhr abends. Über den Häusern am Bahnhof ging der Mond auf; der Himmel war sternenklar, die Luft schneidend kalt, und Billy spürte den Wind wie eine flache, eisige Klinge auf seinen Wangen.

»Entschuldigen Sie«, sagte er, »gibt es hier in der Nähe ein nicht zu teures Hotel?«

»Versuchen Sie's mal im *Bell and Dragon*«, antwortete der Gepäckträger und wies die Straße hinunter. »Da können Sie vielleicht unterkommen. Es ist ungefähr eine Viertelmeile von hier auf der anderen Seite.«

Billy dankte ihm, nahm seinen Koffer und machte sich auf, die Viertelmeile zum *Bell and Dragon* zu gehen. Er war noch nie in Bath gewesen und kannte niemanden im Ort. Aber Mr. Greenslade vom Zentralbüro in London hatte ihm versichert, es sei eine herrliche Stadt. »Suchen Sie sich ein Zimmer«, hatte er gesagt, »und wenn das erledigt ist, melden Sie sich sofort bei unserem Filialleiter.«

Billy war siebzehn Jahre alt. Er trug einen neuen marineblauen Mantel, einen neuen braunen Hut und einen neuen braunen Anzug. Seine Stimmung war glänzend, und er schritt energisch aus. In letzter Zeit bemühte er sich, alles energisch zu tun, denn seiner Ansicht nach war Energie das hervorstechendste Kennzeichen erfolgreicher Geschäftsleute. Die großen Tiere in der Direktion waren immer phantastisch energiegeladen. Billy bewunderte sie sehr.

In der breiten Straße, die er entlangging, gab es keine

Läden, sondern nur zwei Reihen hoher Häuser, von denen eines wie das andere aussah. Alle hatten Portale und Säulen, zu den Haustüren führten vier oder fünf Stufen hinauf, und zweifellos hatten hier einmal vornehme Leute gewohnt. Jetzt aber bemerkte man sogar im Dunkeln, daß von den Türen und Fensterrahmen die Farbe abblätterte und daß die weißen Fassaden im Laufe der Jahre rissig und fleckig geworden waren.

Plötzlich fiel Billys Blick auf ein Fenster zu ebener Erde, das von einer Straßenlaterne hell beleuchtet wurde. An einer der oberen Scheiben klebte ein Zettel. ZIMMER MIT FRÜHSTÜCK lautete die gedruckte Aufschrift. Unter dem Zettel stand eine Vase mit schönen großen Weidenkätzchen.

Er blieb stehen. Dann trat er etwas näher. An beiden Seiten des Fensters hingen grüne Gardinen aus einem samtartigen Gewebe. Die gelben Weidenkätzchen paßten wunderbar dazu. Er ging ganz dicht heran und spähte durch die Fensterscheibe ins Zimmer. Das erste, was er sah, war der Kamin, in dem ein helles Feuer brannte. Auf dem Teppich vor dem Fenster lag ein hübscher kleiner Dackel, zusammengerollt, die Nase unter dem Bauch. Das Zimmer war, soweit Billy im Halbdunkel erkennen konnte, recht freundlich eingerichtet. Außer einem großen Sofa und mehreren schweren Lehnsesseln war noch ein Klavier da, und in einer Ecke entdeckte er einen Papagei im Käfig. Billy sagte sich, daß Tiere eigentlich immer ein gutes Zeichen seien, und auch sonst hatte er den Eindruck, in diesem Haus könne man eine anständige Unterkunft finden. Sicherlich lebte es sich hier behaglicher als im *Bell and Dragon.*

Andererseits war ein Gasthof vielleicht doch vorteilhafter als ein Boardinghouse. Da konnte man abends Bier trinken und sich mit Pfeilwerfen vergnügen, man hatte Gesellschaft, und außerdem war es gewiß erheblich billiger. Er hatte schon einmal in einem Hotel gewohnt und war recht zufrieden gewesen. Ein Boardinghouse dagegen kannte er nur dem Namen nach, und ehrlich gesagt, hatte er ein wenig Angst davor. Schon das Wort klang nach wäßrigem Kohl, habgierigen Wirtinnen und penetrantem Bücklingsgeruch im Wohnzimmer.

Nachdem Billy diese Überlegungen zwei oder drei Minuten lang in der Kälte angestellt hatte, beschloß er, zunächst einen Blick auf das *Bell and Dragon* zu werfen und sich dann endgültig zu entscheiden. Er wandte sich zum Gehen.

Da geschah ihm etwas Seltsames. Als er zurücktrat, um seinen Weg fortzusetzen, wurde sein Blick plötzlich auf höchst merkwürdige Weise von dem Zettel gefesselt, der am Fenster klebte. ZIMMER MIT FRÜHSTÜCK, las er, ZIMMER MIT FRÜHSTÜCK, ZIMMER MIT FRÜHSTÜCK, ZIMMER MIT FRÜHSTÜCK. Jedes Wort war wie ein großes schwarzes Auge, das ihn durch das Glas anstarrte, ihn festhielt, ihn zum Stehenbleiben nötigte, ihn zwang, sich nicht von dem Haus zu entfernen – und ehe er sich's versah, war er von dem Fenster zur Haustür gegangen, hatte die Stufen erstiegen und die Hand nach dem Klingelknopf ausgestreckt.

Er läutete. Die Glocke schrillte in irgendeinem der hinteren Räume, und gleichzeitig – es mußte gleichzeitig sein, denn er hatte den Finger noch auf dem Knopf – sprang die Tür auf, und vor ihm stand eine Frau.

Wenn man läutet, dauert es gewöhnlich mindestens eine halbe Minute, bevor die Tür geöffnet wird. Aber diese Frau war wie ein Schachtelmännchen: Man drückte auf den Knopf, und schon sprang sie heraus! Geradezu unheimlich war das.

Sie mochte fünfundvierzig bis fünfzig Jahre alt sein, und sie begrüßte ihn mit einem warmen Willkommenslächeln.

»Bitte treten Sie näher«, sagte sie freundlich. Sie hielt die Tür weit offen, und Billy ertappte sich dabei, daß er automatisch vorwärts gehen wollte. Der Drang oder vielmehr die Begierde, ihr in dieses Haus zu folgen, war außerordentlich stark.

»Ich habe das Schild im Fenster gesehen«, erklärte er, ohne die Schwelle zu überschreiten.

»Ja, ich weiß.«

»Ich suche ein Zimmer.«

»Alles ist für Sie bereit, mein Lieber«, antwortete sie. Ihr Gesicht war rund und rosig, der Blick ihrer blauen Augen sehr sanft.

»Ich war auf dem Weg zum *Bell and Dragon*«, berichtete Billy. »Aber dann sah ich zufällig dieses Schild in Ihrem Fenster.«

»Lieber Junge«, sagte sie, »warum stehen Sie denn in der Kälte? Kommen Sie doch herein.«

»Wieviel kostet das Zimmer?«

»Fünfeinhalb für die Nacht einschließlich Frühstück.«

Das war unglaublich billig. Weniger als die Hälfte des Betrages, mit dem er gerechnet hatte.

»Wenn es zuviel ist«, fügte sie hinzu, »kann ich's vielleicht auch ein bißchen billiger machen. Wollen Sie ein Ei zum Frühstück? Eier sind zur Zeit teuer. Ohne Ei kostet es einen halben Shilling weniger.«

»Fünfeinhalb ist ganz gut«, erwiderte er. »Ich möchte gern hierbleiben.«

»Das habe ich mir gleich gedacht. Kommen Sie herein.«

Sie schien wirklich sehr nett zu sein. Und sie sah genauso aus wie eine Mutter, die den besten Schulfreund ihres Sohnes für die Weihnachtstage in ihrem Hause willkommen heißt. Billy nahm den Hut ab und trat ein.

»Hängen Sie Ihre Sachen nur dorthin«, sagte sie. »Warten Sie, ich helfe Ihnen aus dem Mantel.«

Andere Hüte oder Mäntel waren in der Diele nicht zu sehen. Auch keine Schirme, keine Spazierstöcke – nichts.

»Wir haben hier *alles* für uns allein«, bemerkte sie und lächelte ihm über die Schulter zu, während sie ihn die Treppe hinaufführte. »Wissen Sie, ich habe nicht sehr oft das Vergnügen, einen Gast in meinem kleinen Nest zu beherbergen.«

›Die Alte ist ein bißchen verdreht‹, dachte Billy. ›Aber für fünfeinhalb die Nacht kann man das in Kauf nehmen.‹ »Ich hätte geglaubt, Sie wären von Gästen überlaufen«, sagte er höflich.

»Bin ich auch, mein Lieber, bin ich auch. Die Sache ist nur so, daß ich dazu neige, ein ganz klein wenig wählerisch und eigen zu sein – wenn Sie verstehen, was ich meine.«

»O ja.«

»Aber bereit bin ich immer. Ja, ich halte Tag und Nacht alles bereit für den Fall, daß einmal ein annehmbarer junger Mann erscheint. Und es ist eine große Freude, mein Lieber, eine sehr große Freude, wenn ich hie und da die Tür aufmache und jemand vor mir sehe, der *genau* richtig ist.« Sie hatte den Treppenabsatz erreicht, blieb stehen, die eine Hand auf dem Geländer, wandte den Kopf und lächelte mit blassen Lippen auf ihn herab. »Wie Sie«, setzte sie hinzu, und der Blick ihrer blauen Augen glitt langsam von Billys Kopf bis zu seinen Füßen und dann wieder hinauf.

In der ersten Etage sagte sie zu ihm: »Hier wohne ich.«

Sie stiegen noch eine Treppe höher. »Und dies ist Ihr Reich«, fuhr sie fort. »Ich hoffe, Ihr Zimmer gefällt Ihnen.«

Damit öffnete sie die Tür eines kleinen, aber sehr hübschen Vorderzimmers und knipste beim Eintreten das Licht an.

»Morgens scheint die Sonne direkt ins Fenster, Mr. Perkins. Sie heißen doch Mr. Perkins, nicht wahr?«

»Nein«, sagte er. »Weaver.«

»Mr. Weaver. Wie hübsch. Ich habe eine Wärmflasche ins Bett getan, damit sich die Bezüge nicht so klamm anfühlen. In einem fremden Bett mit frischer Wäsche ist eine Wärmflasche sehr angenehm, finden Sie nicht? Und falls Sie frösteln, können Sie jederzeit den Gasofen anstecken.«

»Danke«, sagte Billy. »Haben Sie vielen Dank.« Er bemerkte, daß die Überdecke bereits abgenommen und die Bettdecke an einer Seite zurückgeschlagen war – er brauchte nur noch hineinzuschlüpfen.

»Ich bin so froh, daß Sie gekommen sind«, beteuerte sie und blickte ihm ernst ins Gesicht. »Ich hatte mir schon Gedanken gemacht.«

»Alles in Ordnung«, antwortete Billy munter. »Gar kein Grund zur Sorge.« Er legte seinen Koffer auf den Stuhl und schickte sich an, ihn zu öffnen.

»Und wie sieht's mit Abendbrot aus, mein Lieber? Haben Sie bereits irgendwo etwas gegessen?«

»Danke, ich bin wirklich nicht hungrig«, sagte er. »Ich glaube, ich werde so bald wie möglich schlafen gehen, weil ich morgen beizeiten aufstehen und mich im Büro melden muß.«

»Gut, dann will ich Sie jetzt allein lassen, damit Sie auspacken können. Aber ehe Sie sich hinlegen, seien Sie doch bitte so freundlich, unten im Salon Ihre Personalien ins Buch einzutragen. Das muß jeder tun, denn es ist hierzulande Gesetz, und in *diesem* Stadium wollen wir uns doch nach den Gesetzen richten, nicht wahr?« Sie winkte leicht mit der Hand, verließ rasch das Zimmer und schloß die Tür hinter sich.

Das absonderliche Benehmen seiner Wirtin beunruhigte Billy nicht im geringsten. Die Frau war ja harmlos – darüber bestand wohl kein Zweifel –, und zudem schien sie eine freundliche, freigebige Seele zu sein. Vermutlich hatte sie im Krieg einen Solm verloren oder einen anderen Schicksalsschlag erlitten, über den sie nie hinweggekommen war.

Wenig später, nachdem er seinen Koffer ausgepackt und sich die Hände gewaschen hatte, ging er ins Erdgeschoß hinunter und betrat den Salon. Die Wirtin war nicht da, aber im Kamin brannte das Feuer, und davor schlief noch immer der kleine Dackel. Das Zimmer war herrlich warm und gemütlich. ›Da habe ich Glück gehabt‹, dachte Billy und rieb sich die Hände. ›Besser hätte ich's gar nicht treffen können.‹

Da das Gästebuch offen auf dem Klavier lag, zog er seinen Füllfederhalter heraus, um Namen und Adresse einzuschreiben. Auf der Seite standen bereits zwei Eintragungen, und Billy las sie, wie man es bei Fremdenbüchern immer tut. Der eine Gast war ein gewisser Christopher Mulholland aus Cardiff, der andere hieß Gregory W. Temple und stammte aus Bristol.

›Merkwürdig‹, dachte er plötzlich. ›Christopher Mulholland. Das klingt irgendwie bekannt.‹ Wo in aller Welt hatte er diesen keineswegs alltäglichen Namen schon gehört?

Ein Mitschüler? Nein. Vielleicht einer der vielen Verehrer seiner Schwester oder ein Freund seines Vaters? Nein, ganz gewiß nicht. Er blickte wieder in das Buch.

*Christopher Mulholland, 231 Cathedral Road, Cardiff*

Gregory W. Temple, 27 Sycamore Drive, Bristol

Wenn er es recht bedachte, hatte der zweite Name einen fast ebenso vertrauten Klang wie der erste.

»Gregory Temple«, sagte er laut vor sich hin, während er in seinem Gedächtnis suchte. »Christopher Mullholland...«

»So reizende junge Leute«, hörte er eine Stimme hinter sich. Er fuhr herum und sah seine Wirtin ins Zimmer segeln. Sie trug ein großes Tablett, das sie weit von sich ab hielt, ziemlich hoch, als hätte sie die Zügel eines lebhaften Pferdes in den Händen.

Die Namen kommen mir so bekannt vor«, sagte er.

»Wirklich? Wie interessant.«

»Ich möchte schwören, daß ich sie irgendwoher kenne. Ist das nicht sonderbar? Vielleicht aus der Zeitung. Handelt es sich etwa um berühmte Persönlichkeiten? Kricketspieler, Fußballer oder dergleichen? «

»Berühmt ...« Sie stellte das Teebrett auf den niedrigen Tisch vor dem Sofa. »Ach nein, berühmt waren sie wohl nicht. Aber sie waren ungewöhnlich hübsch, alle beide, das kann ich Ihnen versichern. Groß, jung und hübsch, mein Lieber, genau wie Sie.«

Billy beugte sich von neuem über das Buch. »Nanu«, rief er, als sein Blick auf die Daten fiel. »Die letzte Eintragung ist ja mehr als zwei Jahre alt!«

»So?«

»Tatsächlich. Und Christopher Mulholland hat sich fast ein Jahr früher eingeschrieben – also vor reichlich drei Jahren.«

»Du meine Güte«, sagte sie kopfschüttelnd mit einem gezierten kleinen Seufzer. »Das hätte ich nie gedacht. Wie doch die Zeit verfliegt, nicht wahr, Mr. Wilkins?«

»Ich heiße Weaver«, verbesserte Billy. »W-e-a-v-e-r.«

»O ja, natürlich!« Sie setzte sich auf das Sofa. »Wie dumm von mir. Entschuldigen Sie bitte. Zum einen Ohr hinein, zum anderen hinaus, so bin ich nun mal, Mr. Weaver.«

»Wissen Sie«, begann Billy von neuem, »was bei alledem höchst merkwürdig ist?«

»Nein, was denn, mein Lieber?«

»Ja, sehen Sie, mit diesen beiden Namen – Mulholland und Temple – verbinde ich nicht nur die Vorstellung von zwei Menschen, die sozusagen unabhängig voneinander existieren, sondern mir scheint auch, daß sie auf irgendeine Art und Weise zusammengehören. Als wären sie beide auf demselben Gebiet bekannt, wenn Sie verstehen, was ich meine – etwa wie ... ja ... wie Dempsey und Tunney oder wie Churchill und Roosevelt.«

»Sehr amüsant«, sagte sie. »Aber kommen Sie, mein Lieber, setzen Sie sich zu mir aufs Sofa. Sie sollen eine Tasse Tee trinken und Ingwerkeks essen, bevor Sie zu Bett gehen.«

»Bemühen Sie sich doch nicht«, protestierte Billy. »Machen Sie bitte meinetwegen keine Umstände.« Er lehnte am Klavier und sah zu, wie sie eifrig mit den Tassen und Untertassen hantierte. Sie hatte kleine, weiße, sehr bewegliche Hände mit roten Fingernägeln.

»Ich bin überzeugt, daß ich die Namen in der Zeitung gelesen habe«, fuhr Billy fort. »Gleich wird's mir einfallen. Ganz bestimmt.«

Es gibt nichts Quälenderes, als einer Erinnerung nachzujagen, die einem immer wieder entschlüpft. Er mochte nicht aufgeben.

»Warten Sie einen Moment«, murmelte er. »Nur einen Moment. Mulholland ... Christopher Mulholland ... war das nicht der Etonschüler, der eine Wanderung durch Westengland machte und der dann plötzlich ...«

»Milch?« fragte sie. »Und Zucker?«

»Ja, bitte. Und der dann plötzlich ...«

»Etonschüler?« wiederholte sie. »Ach nein, mein Lieber, das kann nicht stimmen, denn *mein* Mr. Mulholland war kein Etonschüler. Er studierte in Cambridge. Na, wollen Sie sich denn nicht an dem schönen Feuer wärmen? Nur zu, ich habe Ihnen schon Tee eingeschenkt.« Sie klopfte leicht auf den Platz an ihrer Seite und schaute Billy erwartungsvoll lächelnd an.

Er durchquerte langsam das Zimmer und setzte sich auf die Sofakante. Sie stellte die Teetasse vor ihn hin.

»So ist's recht«, sagte sie. »Wie hübsch und gemütlich das ist, nicht wahr?«

Billy trank seinen Tee, und auch sie nahm ein paar kleine Schlucke. Eine Zeitlang sprachen die beiden kein Wort. Aber Billy wußte, daß sie ihn ansah. Sie hatte sich ihm halb zugewandt, und er spürte, wie sie ihn über den Tassenrand hinweg beobachtete. Hin und wieder streifte ihn wie ein Hauch ein eigenartiger Geruch, der unmittelbar von ihr auszugehen schien und der keineswegs unangenehm war. Ein Duft, der Billy an irgend etwas erinnerte – er konnte nur nicht sagen, an was. Eingemachte Walnüsse? Neues Leder? Oder die Korridore im Krankenhaus?

Schließlich brach sie das Schweigen. »Mr. Mulholland war ein großer Teetrinker. Nie im Leben habe ich jemanden soviel Tee trinken sehen wie den lieben Mr. Mulholland.«

»Ich nehme an, er ist erst vor kurzem ausgezogen«, meinte Billy, der noch immer an den beiden Namen herumrätselte. Er war jetzt ganz sicher, daß er sie in der Zeitung gelesen hatte – in den Schlagzeilen.

»Ausgezogen?« Sie hob erstaunt die Brauen. »Aber nein, lieber Junge, er ist gar nicht ausgezogen. Er wohnt noch hier. Mr. Temple auch. Sie sind beide im dritten Stock untergebracht.«

Billy stellte die Tasse vorsichtig auf den Tisch und starrte seine Wirtin an. Sie lächelte, streckte eine ihrer weißen Hände aus und klopfte ihm beruhigend aufs Knie. »Wie alt sind Sie, mein Freund?«

»Siebzehn.«

»Siebzehn!« rief sie. »Ach, das ist das schönste Alter! Mr. Mulholland war auch siebzehn. Aber ich glaube, er war ein wenig kleiner als Sie, ja, bestimmt war er kleiner, und seine Zähne waren nicht *ganz* so weiß wie Ihre. Sie haben wunderschöne Zähne, Mr. Weaver, wissen Sie das?«

»So gut, wie sie aussehen, sind sie gar nicht«, sagte Billy. »Auf der Rückseite haben sie eine Menge Füllungen.«

Sie überhörte seinen Einwurf. »Mr. Temple war natürlich etwas älter«, erzählte sie weiter. »Er war schon achtundzwanzig. Aber wenn er mir das nicht verraten hätte, wäre ich nie darauf gekommen, nie im Leben. Sein Körper war ganz ohne Makel.«

»Ohne was?« fragte Billy.

»Er hatte eine Haut wie ein Baby. *Genau* wie ein Baby.«

Es entstand eine Pause. Billy nahm seine Tasse, trank einen Schluck und setzte sie behutsam auf die Untertasse zurück. Er wartete auf irgendeine Bemerkung seiner Wirtin, aber sie hüllte sich in Schweigen. So saß er denn da, blickte unentwegt in die gegenüberliegende Zimmerecke und nagte an seiner Unterlippe.

»Der Papagei dort …«, sagte er schließlich. »Wissen Sie, als ich ihn zuerst durchs Fenster sah, bin ich tatsächlich darauf hereingefallen. Ich hätte schwören können, daß er lebt.«

»Leider nicht mehr.«

»Eine ausgezeichnete Arbeit«, bemerkte Billy, »Wirklich,

er sieht nicht im geringsten tot aus. Wer hat ihn denn ausgestopft?«

»Ich.«

»Sie?«

»Natürlich«, bestätigte sie. »Haben Sie schon meinen kleinen Basil gesehen?« Sie deutete mit einer Kopfbewegung auf den Dackel, der so behaglich zusammengerollt vor dein Kamin lag. Billy schaute hin, und plötzlich wurde ihm klar, daß sich das Tier die ganze Zeit ebenso stumm und unbeweglich verhalten hatte wie der Papagei. Er streckte die Hand aus. Der Rücken des Hundes, den er vorsichtig berührte, war hart und kalt, und als er mit den Fingern das Haar beiseite schob, sah er darunter die trockene, gut konservierte, schwarzgraue Haut.

»Du lieber Himmel«, rief er, »das ist ja phantastisch!« Er wandte sich von dem Hund ab und blickte voller Bewunderung die kleine Frau an, die neben ihm auf dem Sofa saß. »So etwas muß doch unglaublich schwierig sein.«

»Durchaus nicht«, erwiderte sie. »Ich stopfe *alle* meine kleinen Lieblinge aus, wenn sie von mir gehen. Möchten Sie noch eine Tasse Tee?«

»Nein, danke«, sagte Billy. Der Tee schmeckte ein wenig nach bitteren Mandeln, und das mochte er nicht.

»Sie haben sich in das Buch eingetragen, nicht wahr?«

»Ja, gewiß.«

»Dann ist es gut. Weil ich später, falls ich Ihren Namen einmal vergessen sollte, immer herunterkommen und im Buch nachschlagen kann. Das tue ich fast täglich mit Mr. Mulholland und Mr. ... Mr. ...

»Temple«, ergänzte Billy. »Gregory Temple. Entschuldigen Sie, aber haben Sie denn außer den beiden in den letzten zwei, drei Jahren gar keine anderen Gäste gehabt?«

Sie hielt die Tasse hoch in der Hand, neigte den Kopf leicht nach links, blickte aus den Augenwinkeln zu ihm auf, lächelte ihn freundlich an und sagte: »Nein, lieber Freund. Nur Sie.«

## Andrea Camilleri
## Der Vertrag

Ganz in Schwarz, mit hohen Absätzen, einem altmodischen Hütchen, Handtäschchen aus Glanzleder am rechten Arm, ging die Dame (denn man sah gleich, daß sie eine Dame war, eine Dame alten Stils) mit kleinen, aber entschlossenen Schritten am Straßenrand entlang, den Blick auf den Boden gerichtet, unbekümmert um die wenigen Autos, die sie fast streiften.

Selbst am Tage hätte diese Frau wegen ihrer Vornehmheit und Eleganz wie aus anderen Zeiten die Aufmerksamkeit von Commissario Montalbano auf sich gezogen: und dann erst nachts um halb drei auf einer Straße außerhalb der Stadt! Montalbano war nach einem langen Arbeitstag im Kommissariat auf dem Heimweg nach Marinella, er war müde, aber er fuhr langsam, durch die offenen Fenster wehten die Gerüche einer Nacht im Mai herein, Wolken von Jasminduft aus den Gärten der Villen rechter Hand, in Schwaden der Salzgeruch vom Meer auf der Linken. Er fuhr eine Weile hinter der Signora her, dann hielt er auf ihrer Höhe, beugte sich über den Beifahrersitz und fragte:

»Kann ich etwas für Sie tun, Signora?«

Die Frau hob nicht mal den Kopf, sie zeigte nicht die geringste Regung und ging weiter.

Der Commissario schaltete das Fernlicht an, parkte den Wagen, stieg aus und stellte sich ihr in den Weg. Erst da entschied sich die Signora, die gar keine Angst hatte, ihn anzuschauen. Im Licht der Scheinwerfer sah Montalbano, daß sie sehr alt war, aber ihre Augen waren von einem tiefen, fast phosphoreszierenden Blau, sie hatten ihre Jugendlichkeit bewahrt und passten nicht zu ihrem übrigen Gesicht. Sie trug kostbare Ohrringe und um den Hals eine wunderschöne Perlenkette.

»Ich bin Commissario Montalbano«, sagte er, um sie zu beruhigen, obwohl die Frau nicht das geringste Anzeichen von Nervosität zeigte.

»Angenehm. Ich bin Signorina Angela Clemenza. Sie wünschen?« Mit Nachdruck hatte sie *Signorina* gesagt. Da platzte der Commissario.

»Ich wünsche gar nichts. Finden Sie es normal, so behängt mitten in der Nacht allein durch die Gegend zu laufen? Sie haben Glück, daß man Sie noch nicht ausgeraubt und in den Straßengraben geworfen hat. Steigen Sie ein, ich bringe Sie nach Hause.«

»Ich habe keine Angst. Und ich bin nicht müde.«

Das stimmte, ihr Atem ging regelmäßig, auf ihrem Gesicht war keine Spur von Schweiß; nur den Schuhen, die weiß waren vom Staub, war es anzusehen, daß die Signorina schon eine weite Strecke zu Fuß zurückgelegt hatte.

Montalbano nahm sie behutsam mit zwei Fingern am Arm und schob sie Richtung Auto.

Angela Clemenza sah ihn noch mal kurz an, das Blau ihrer Augen war mit Violett gemischt, sie war sichtlich wütend, sagte aber nichts und stieg ein.

Als sie im Wagen saß, legte sie ihre Handtasche auf die Knie und massierte sich leicht den rechten Unterarm. Der Commissario sah, daß die Handtasche ziemlich dick war, sie war sicher schwer.

»Wo soll ich Sie hinbringen?«

»Contrada Gelso. Ich sage Ihnen, wie Sie fahren müssen.« Der Commissario seufzte erleichtert, Contrada Gelso war nicht weit, inseleinwärts, wenige Kilometer von Marinella entfernt. Er hätte die Signorina gern gefragt, wie sie dazu kam, nachts allein zu Fuß nach Hause zu gehen, aber ihre Zurückhaltung und Gesetztheit schüchterten ihn ein.

Signorina Clemenza ihrerseits sprach kein Wort, außer wenn sie ihn knapp anwies, welchen Weg sie einzuschlagen hatten. Nachdem sie ein großes schmiedeeisernes Tor passiert hatten und eine perfekt in Ordnung gehaltene Auffahrt entlanggefahren waren, hielt Montalbano auf dem Platz vor einer frischverputzten, schmucken dreistöckigen Villa aus dem neunzehnten Jahrhundert, Tür und Fensterläden schienen erst kürzlich grün gestrichen worden zu sein. Sie stiegen aus.

»Sie sind sehr liebenswürdig. Danke«, sagte die Signorina und reichte ihm die Hand. Montalbano beugte sich zu seiner eigenen Überraschung hinunter und küßte ihr die Hand. Signorina Clemenza kehrte ihm den Rücken zu, kramte in ihrer Handtasche, zog einen Schlüssel heraus, schloß die Tür auf, trat ein und machte hinter sich zu.

Es war noch nicht sieben Uhr morgens, als Montalbano von einem Anruf seines Vize Mimì Augello geweckt wurde.

»Entschuldige, Salvo, wenn ich so früh anrufe, aber es ist ein Mord passiert. Ich bin schon an Ort und Stelle. Ich hab dir einen Wagen geschickt.«

Er hatte gerade noch Zeit, sich zu rasieren, als der Wagen auch schon kam.

»Weißt du denn, wer umgebracht wurde?«

»Ein pensionierter Professor, er heißt Corrado Militello«, sagte der Fahrer. »Er wohnt jenseits vom alten Bahnhof.«

Das Haus des verstorbenen Professore Militello stand zwar jenseits des alten Bahnhofs, aber schon weit draußen auf dem Land. Noch bevor Montalbano über die Schwelle trat, wurde er von Mimì Augello informiert, der an diesem Morgen anscheinend unbedingt Klassenprimus sein wollte:

»Der Professore war schon über achtzig. Er lebte allein, er hat nie geheiratet. Seit etwa zehn Jahren hat er das Haus nicht mehr verlassen. Jeden Morgen kam eine Haushälterin, seit dreißig Jahren dieselbe, sie war es, die ihn tot gefunden und uns angerufen hat. Das Haus sieht so aus: Im oberen Stock sind zwei große Schlafzimmer, zwei Bäder und ein kleines Zimmer. Im Erdgeschoß ein Salon, ein kleines Eßzimmer, eine Toilette und ein Arbeitszimmer. Und dort wurde er umgebracht. Pasquano ist schon am Werk.«

In der Diele saß die Haushälterin auf einer Stuhlkante, weinte still und bewegte dabei ihren Oberkörper vor und zurück. Professor Corrado Militellos Leiche lag rücklings auf dem Schreibtisch im Arbeitszimmer. Dottor Pasquano, der Gerichtsmediziner, untersuchte sie gerade.

»Der Mörder«, sagte Mimì Augello, »wollte den Professore sadistisch erschrecken, bevor er ihn umbrachte. Da, schau: Er hat auf den Kronleuchter geschossen, auf das Bücherregal, auf dieses Bild, ich glaube, das ist eine Reproduktion von Velásquez' *Kuß* ...«

»Hayez'«, korrigierte Montalbano müde.

»... auf das Fenster, und den letzten Schuß hat er für ihn aufgespart. Ein Revolver, es sind keine Hülsen da.«

»Jetzt lassen Sie doch das Schüssezählen«, mischte sich Dottor Pasquano ein. »Es waren fünf, in Ordnung, aber er hat auch auf die bronzene Wagner-Büste geschossen, die Kugel ist abgeprallt und hat den Professore mitten in die Stirn getroffen und damit getötet.«

Augello entgegnete nichts.

Im Kamin lag ein Berg von Papierasche. Montalbano wurde neugierig und warf seinem Vize einen fragenden Blick zu. »Die Haushälterin hat gesagt, er hätte seit zwei Tagen Briefe und Fotos verbrannt«, antwortete Augello. »Er hatte sie in dieser Truhe aufbewahrt, die ist jetzt leer.«

Offenbar hatte Mimì Augello einen jener Tage, an denen er, wenn er einmal angefangen hatte zu reden, durch nichts mehr zu bremsen war.

»Das Opfer hat seinem Mörder die Tür geöffnet, es gibt keine Aufbruchspuren. Es kannte ihn mit Sicherheit, es vertraute ihm. Jemand, der hier ein und aus ging. Weißt du was, Salvo? Irgendwo kommt bestimmt ein kleiner Neffe zum Vorschein, der zu lang auf die Erbschaft warten mußte und die Geduld verloren hat, er war einfach genervt. Der Alte war reich, Häuser, Baugrund ...«

Montalbano hörte gar nicht zu, er hing Erinnerungen an englische Kriminalfilme nach. So kam es, daß er etwas machte, was er in einem dieser Filme mal gesehen hatte: Er beugte sich zum Kamin hinunter, langte mit der Hand in die Asche und tastete darin herum. Er hatte Glück, er bekam ein kleines Viereck aus festem, steifem Papier in die Finger. Es war der briefmarkengroße Schnipsel einer Fotografie. Er sah ihn an und war wie elektrisiert. Ein halbes Frauengesicht, aber wie sollten diese Augen nicht wiederzuerkennen sein?

»Hast du was gefunden?« fragte Augello.

»Nein«, sagte Montalbano. »Mimì, kümmere du dich um alles, ich habe zu tun. Einen schönen Gruß an den Richter, wenn er kommt.«

»Bitte, setzen Sie sich«, sagte Signorina Angela Clemenza, die sich wirklich freute, ihn wiederzusehen. »Kommen Sie, wir gehen rüber, seit dem Tod meines Bruders, des Generals, ist das Haus zu groß für mich. Ich habe nur diese drei Zimmer im Erdgeschoß für mich behalten, so spare ich mir das Treppensteigen.«

Es war halb zehn Uhr morgens, aber die Signorina war wie aus dem Ei gepellt, im Vergleich zu ihr kam sich der Commissario schmutzig und ungepflegt vor.

»Möchten Sie einen Kaffee?«

»Machen Sie sich keine Umstände. Ich muß Ihnen nur ein paar Fragen stellen. Kennen Sie Professor Corrado Militello?«

»Seit 1935, Commissario. Ich war damals siebzehn, er ein Jahr älter.«

Montalbano musterte sie: nichts, keine Gefühlsregung, die Augen ein spiegelglatter Gebirgssee.

»Es tut mir sehr leid, glauben Sie mir, aber ich muß Ihnen eine traurige Mitteilung machen.«

»Aber ich weiß es schon, Commissario! Ich habe ihn ja erschossen!«

Montalbano verlor den Boden unter den Füßen, genauso hatte er sich beim Erdbeben von Belice gefühlt. Er plumpste auf einen Stuhl, der glücklicherweise hinter ihm stand. Auch Signorina Clemenza setzte sich, sehr gefaßt.

»Warum?« brachte der Commissario heraus.

»Das ist eine uralte Geschichte, sie wird Sie langweilen.«

»Garantiert nicht.«

»Nun, in der zweiten Hälfte des neunzehnten Jahrhunderts begannen aus Gründen, die ich nicht weiß und auch nie wissen wollte, meine Familie und Corrados Familie sich zu hassen. Es gab Tote, Duelle, Verletzte. Capulet und Montague, erinnern Sie sich? Und wir beide verliebten uns ineinander, anstatt uns zu hassen. Eben Romeo und Julia.

Unsere Familien, seine und meine diesmal vereint, trennten uns, mich steckten sie ins Kloster, er kam ins Internat. Meine Mutter ließ mich auf dem Sterbebett schwören, daß ich Corrado niemals heiraten würde. Ich aber sagte mir: ihn oder keinen. Corrado tat dasselbe. Jahrelang schrieben wir uns, wir telefonierten, richteten es ein, daß wir uns treffen konnten. Als von unseren Familien nur noch wir beide übrig waren, war ich bereits zweiundsechzig und er dreiundsechzig. Wir waren uns einig, daß eine Heirat in diesem Alter lächerlich gewesen wäre.«

»Ja, schon, aber warum …?«

»Vor einem halben Jahr rief er mich an, wir sprachen sehr lange. Er sagte, er schaffe es nicht mehr, allein zu leben. Er wolle eine Witwe heiraten, eine entfernte Verwandte. Wie bitte, fragte ich, mit sechzig findest du das lächerlich und mit achtzig nicht?«

»Ich verstehe. Deshalb haben Sie also …«

»Sie scherzen! Von mir aus hätte er hundertmal heiraten können! Aber er hat mich am nächsten Tag noch mal angerufen. Er sagte, er habe kein Auge zugetan. Er gestand mir, er habe mich angelogen, er wolle nicht aus Angst vor der Einsamkeit heiraten, sondern weil er sich in diese Frau wirklich verliebt habe. Sie werden verstehen, das war natürlich etwas anderes.«

»Aber warum?!«

»Weil wir eine Verpflichtung eingegangen waren, einen Vertrag geschlossen hatten.«

Sie stand auf, öffnete die Handtasche, die sie auch am vorigen Abend dabeigehabt hatte und die auf einem kleinen Tisch lag, zog einen vergilbten Zettel heraus und reichte ihn dem Commissario.

Wir, Angela Clemenza und Corrado Militello, schwören vor Gott wie folgt: Wer von uns beiden sich in eine dritte Person verliebt, bezahlt die Untreue mit dem Leben. Gelesen und unterschrieben: Angela Clemenza und Corrado Militello

Vigàta, am 10. Januar 1936

»Haben Sie gelesen? Alles ordnungsgemäß, nicht wahr?«

»Das hatte er bestimmt vergessen!« rief Montalbano. Er schrie fast.

»Ich aber nicht«, sagte die Signorina, und die Farbe ihrer Augen changierte zu einem gefährlichen Violett. »Und gestern früh rief ich ihn an, um sicherzugehen. ›Was machst du?‹ fragte ich ihn. ›Ich verbrenne deine Briefe‹, antwortete er. Da habe ich den Vertrag noch mal gelesen.«

Montalbano spürte, wie ein eiserner Ring sich immer fester um seine Stirn zuzog, er schwitzte.

»Haben Sie die Waffe weggeworfen?«

»Nein.«

Sie machte ihre Handtasche auf und holte eine riesige Smith & Wesson heraus, die bestimmt hundert Jahre alt war. Sie reichte sie Montalbano.

»Es war ganz schön schwer, ihn zu treffen, wissen Sie. Ich hatte nie zuvor geschossen. Armer Corrado, er ist so erschrocken!«

Was sollte er jetzt tun? Aufstehen und sie für verhaftet erklären?

Unentschlossen betrachtete er den Revolver.

»Gefällt er Ihnen?« fragte Signorina Angela Clemenza lächelnd. »Ich schenke ihn Ihnen. Ich brauche ihn ja nicht mehr.«

## Nachbemerkung

Vor Jahren erregte eine Schlagzeile Aufsehen. Die Hälfte aller Morde, hieß es, bliebe unentdeckt und damit ungesühnt.

Diese Behauptung läßt sich natürlich nicht belegen, obwohl sie von Rechtsmedizinern aufgestellt wurde. Denn das liegt in der Natur der Sache. Über Verbrechen, die nicht erkannt werden, kann niemand verläßliche Aussagen machen. Trotzdem hat die Meldung selbst Experten überrascht und eine Fülle von Nachforschungen angeregt, die zu ähnlichen Ergebnissen gelangten.

Der perfekte Mord, bei dem der Täter unerkannt bleibt oder das Verbrechen gar nicht erst als Verbrechen wahrgenommen wird, scheint nicht so selten zu sein, wie lange geglaubt wurde. Dabei hätte ein Blick in die Kriminalliteratur genügt. Denn dort ist der perfekte Mord weit verbreitet, vor allem wenn es sich bei den Tätern um Täterinnen handelt. Die Frage »Who done it« tritt dabei in den Hintergrund. Viel spannender ist es, herauszufinden, wie die Mörderinnen es anstellten, unerkannt zu bleiben, oder welcher klitzekleine Fehler ihnen schließlich doch zum Verhängnis wurde.

Frauen morden anders als Männer. Sie benutzen nur selten Schußwaffen und hinterlassen in der Regel keine aussagekräftigen Spuren. Das jedenfalls ist der Eindruck, den die Kriminalgeschichten vermitteln, die in diesem Band versammelt sind.

Wie könnte ein Mann auch auf die Idee kommen, seinen Ehepartner so lange dick zu füttern, bis dieser einem Herzinfarkt erliegt, oder eine äußerst schmackhafte Fischfrikadelle mit lebensgefährlichen Gräten zu impfen? Frauen können offenbar so denken und handeln, sie gehen – natürlich nur in der Literatur – sehr viel kreativer mit der Gestaltung von Lebensenden um als Männer.

Selbst Männern, die ihnen nach dem Leben trachten, sind sie weit überlegen. Wer ihnen im Weg steht, kann zufällig eine Treppe hinunterstürzen, in eine Schere laufen oder ganz und gar unfreiwillig Selbstmord verüben. In jedem Fall ist es gefährlich, sogar sehr gefährlich, eine Frau als Gegnerin zu haben.

Energisch möchten wir davor warnen, diese Geschichten als Gebrauchsanleitungen zu verstehen. Herausgeber und Verlag weisen vorsorglich darauf hin, daß sie jede Haftung ablehnen.

# Quellenverzeichnis

Andreas Camilleri
Eine Frau, schön, jung, nackt, fast schon ermordet, S. 9. Aus: Andrea Camilleri, Die Ermittlungen des Commissario Collura. Aus dem Italienischen von Moshe Kahn. © Verlag Klaus Wagenbach, Berlin 2003.

Der Vertrag, S. 179. Aus: Andrea Camilleri, Das Paradies der kleinen Sünder. Commissario Montalbano kommt ins Stolpern. Aus dem Italienischen von Christiane von Bechtolsheim. © 2001 Verlagsgruppe Lübbe GmbH & Co. KG, Bergisch Gladbach.

Agatha Christie
Stille vor dem Sturm, S. 70. Aus: Agatha Christie, Hercule Poirots größte Trümpfe. Aus dem Englischen von Adi Oes. © Scherz Verlag, Bern, München, Wien 1984.

Roald Dahl
Die Wirtin, S. 166. Aus: Roald Dahl, Küßchen, Küßchen. 11 ungewöhnliche Geschichten. Aus dem Englischen von Wolfheinrich von der Mülbe. Copyright © 1962 by Rowohlt Taschenbuch Verlag GmbH, Reinbek bei Hamburg.

Sabine Deitmer
Sein letztes Diktat, S. 83. Aus: Ingrid G. Schmitz / Ina Coelen (Hg.), Mörderische Mitarbeiter. Scherz Verlag, Bern, München, Wien 2003. © Sabine Deitmer.

Susan Dunlap
Doppelte Gefahr, S. 28. Aus: Marcia Muller / Bill Pronzini (Hg.), Mörderische Frauen. 2. Akt. Wilhelm Heyne Verlag, München 1985. Die Rechte an der deutschen Übersetzung von Dr. Dietlind Bindheim liegen beim Wilhelm Heyne Verlag, München, einem Unternehmen der Verlagsgruppe Random House GmbH.

Åke Edwardson
Ein zweites Leben, S. 144. Aus: Morde in hellen Nächten. Die besten Kriminalgeschichten aus Skandinavien. Scherz Verlag, Bern, München, Wien 2001. Aus dem Schwedischen von Christel Hildebrandt. Abdruck mit freundlicher Genehmigung von Åke Edwardson und Christel Hildebrandt.

Doris Gercke
Der Rest von etwas, S. 158. Aus: Ulrich Genzler (Hg.), Das große Frauenkrimi Lesebuch. Goldmann Verlag, München 1992. © 1992 by Doris Gercke.

Patricia Highsmith
Die Hure mit staatlicher Genehmigung oder Die Ehefrau, S. 94. Aus: Patricia Highsmith, Kleine Mordgeschichten für Tierfreunde. Kleine Geschichten für Weiberfeinde. Aus dem Amerikanischen von Melanie Walz. Copyright © 2004 Diogenes Verlag AG Zürich.

Conny Lens
Irenes Schlummertrunk, S. 100. Aus: Julia Peters (Hg.), Killing him softly. Sanfte und unsanfte Geschichten. Droemer Knaur Verlag, München 2000. © Conny Lens.

Ingrid Noll
Fisherman's Friend, S. 120. Aus: Ingrid Noll, Falsche Zungen. Copyright © 2004 Diogenes Verlag AG Zürich.

Ruth Rendell
May und June, S. 38. Aus: Ruth Rendell, Der Tag des Jüngsten Gerichts. Die besten Stories. Rowohlt Taschenbuchverlag, Reinbek bei Hamburg 1995.

Henry Slesar
Bulle im Schaukelstuhl, S. 109. Aus: Henry Slesar, Fiese Geschichten für fixe Leser. Aus dem Amerikanischen von Thomas Schlück. Copyright © 1982 Diogenes Verlag AG Zürich.

Kim Småge
Der Schmetterling, S. 18. Aus: Gabriele Haefs und Christel Hildebrandt (Hg.), Mord am Fjord. Skandinavische Crime Ladies. Ins Deutsche übertragen von Gabriele Haefs. © 1994 Deutscher Taschenbuch Verlag, München.

Ingrid Terkelsen
Treffen (Aus dem Dänischen von Senta Kapoun), S. 114. Aus: Helga Anderle (Hg.), Da werden Weiber zu Hyänen. Wiener Frauenverlag, Wien 1991. © Helga Anderle.

Edgar Wallace
Die Doppelgängerin, S. 52. Aus: Edgar Wallace, Der sentimentale Mr. Simpson. Wilhelm Goldmann Verlag, München 1962. Die Rechte an der deutschen Übersetzung von Toni Westermayr liegen beim Wilhelm Goldmann Verlag, München, einem Unternehmen der Verlagsgruppe Random House GmbH.

Minette Walters
Ein englischer Herbst, S. 135. Aus: Elizabeth George (Hg.), Im Anfang war der Mord. Blanvalet Verlag, München 2003. Die Rechte an der deutschen Übersetzung von Mechtild Sandberg-Ciletti liegen beim Blanvalet Verlag, München, einem Unternehmen der Verlagsgruppe Random House GmbH.